MELHORES POEMAS

Raimundo Correia

Direção
EDLA VAN STEEN

MELHORES
POEMAS

Raimundo Correia

Seleção
TELENIA HILL

© Telenia Hill, 1985

2ª Edição, Global Editora, São Paulo 2001
2ª Reimpressão, 2011

Diretor-Editorial
JEFFERSON L. ALVES

Assistente-Editorial
ALEXANDRA COSTA DA FONSECA

Assistente de Produção
FLÁVIO SAMUEL

Preparação de Texto
ALEXANDRA COSTA DA FONSECA

Revisão
MARIA CLARA B. FONTANELLA
ELIANE DE ABREU M. SANTORO

Editoração Eletrônica
GISLEINE DE C. SAMUEL

Dados Internacionais da Catalogação na Publicação (CIP)
(Câmara Brasileira do Livro, SP, Brasil)

Correia, Raimundo, 1859-
Os melhores poemas de Raimundo Correia / seleção
Telenia Hill ; l direção Edla van Steen l . – 2. ed. – São
Paulo : Global, 2001. – (Melhores poemas)

Bibliografia.
ISBN 978-85-260-0573-0

1. Poesia brasileira I. Hill, Telenia, 1911 – II. Steen, Edla
van. III. Título. IV. Série.

98-0005   CDD-869.935

Índices para catálogo sistemático:

1. Poesia : Século 20 : Literatura brasileira 869.935
2. Século 20 : Poesia : Literatura brasileira 869.935

Direitos Reservados

 GLOBAL EDITORA E
DISTRIBUIDORA LTDA.
Rua Pirapitingui, 111 – Liberdade
CEP 01508-020 – São Paulo – SP
Caixa Postal 45329 – CEP 04010-970
Tel.: (011) 277-7999 – Fax: (011) 277-8141
e-mail: global@globaleditora.com.br
www.globaleditora.com.br

Obra atualizada conforme o
Novo Acorde
Ortográfico d
Língua
Portuguesa

Colabore com a produção científica e cultural.
Proibida a reprodução total ou parcial desta obra
sem a autorização do editor.

Nº de Catálogo: **1727**

> Quanta gente que ri, talvez existe,
> Cuja ventura única consiste
> Em parecer aos outros venturosa!
> *Raimundo Correia*

Telenia Hill Nasceu no Rio de Janeiro. Crítica e ensaísta. Mestra em Linguística e doutora em Letras pela Faculdade de Letras da UFRJ. Professora adjunta da Faculdade de Letras e da Escola de Comunicação da UFRJ. Sócia efetiva do P. E. N. Club do Brasil, da U. B. E. e membro da Academia Brasileira de Literatura. Premiada pela Academia Brasileira de Letras com os prêmios Sílvio Romero, de crítica literária, e Assis Chateaubriand, de textos publicados na imprensa. Colaboradora da Revista *Colóquio Letras*, de Portugal, além de outras revistas especializadas e jornais do Brasil. Autora das obras: *Perspectivas* e *Manual de Teoria Literária* (em colaboração); *Castro Alves e o poema lírico; O trajeto da imanência; Estudos de Teoria e Crítica Literária.*

O POETA LUNAR

Quando, em 1878, o adolescente Raimundo Correia ingressa na Faculdade de Direito de São Paulo, o Brasil vive intensamente as vésperas de grandes transformações políticas. No setor literário, publica, no ano seguinte, sua primeira coletânea de poemas, *Primeiros Sonhos*. Já aos quinze anos, o menino Raimundo é atento leitor de Casimiro de Abreu, Fagundes Varela, Castro Alves e de seu conterrâneo Gonçalves Dias. Se, por um lado, a feição sentimental de sua primeira obra se explica pela influência dos grandes românticos da época, por outro, reconhece-se-lhe a ingenuidade e a falta de vigor poético, como ele até mesmo admite, em nota introdutória, incluída nesta Antologia.

Raimundo Correia nasce no dia 13 de maio, vinte e nove anos antes da Abolição da Escravatura. Católico e conservador, como aluno universitário cede às influências do ambiente em que vive, sendo mais uma voz que clamará pela liberdade dos negros e pela proclamação da República. De trovador de donzelas, o poeta integra o vasto painel de efervescência intelectual que abrange as Faculdades de Direito do Recife e de São Paulo, além de outros núcleos no Rio de Janeiro, Bahia e Fortaleza.

Liberta-se o negro, proclama-se a República! A subjetividade das ideias é substituída pelos enfoques positivista e racional. E o Romantismo cede lugar ao Parnasianismo, Realismo e Naturalismo. O soneto "A ideia nova", que paradoxalmente faz parte de *Primeiros Sonhos*, já indicia mudanças. Como "vulcão", o "cérebro febril" da juventude explodirá, fazendo luzir novas concepções. Estas se concretizaram por meio da Batalha do Parnaso, um ano antes da publicação de *Primeiros Sonhos*, e receberam influências da Escola Coimbrã e do Naturalismo. Machado de Assis, num ensaio que se tornou famoso, "A nova geração" (1879), enfoca esse movimento em que se sublinha a vigência do real, do social, do objetivo, do antirreligioso. Impõem-se, ainda, os pensamentos republicano e determinista.

Considerado por Manuel Bandeira como um "dos maiores artistas do verso em nossa língua", Raimundo Correia o demonstrará em *Sinfonias*, seu segundo livro. O primeiro poema dessa coletânea será "As Pombas", soneto que se tornou clássico no Brasil e em Portugal, e exercerá influência sobre o estilo de Antônio Nobre, como ilustra um verso de sua "autoria", "Raia sanguínea e fresca a madrugada clara". Ao confrontar-se com o verso de "As Pombas", observa-se que apenas foi acrescentado o adjetivo *clara*. Nessa coletânea, Raimundo se mostra um poeta mais maduro e avultam características como o pessimismo, a sensualidade, e já indícios de lunaridade. Machado de Assis a prefacia: "Não foram esses os primeiros versos que li do Dr. Raimundo Correia. Li os primeiros neste mesmo ano de 1882, uns versos satíricos, triolés sonoros, modelados com apuro, que não me pareceram versos de qualquer.

Semanas depois, conheci pessoalmente o poeta, e confesso uma desilusão. Tinha deduzido dos versos lidos um mancebo expansivo, alegre e vibrante, aguçado como as suas rimas, coruscante como os seus esdrúxulos, e achei uma figura concentrada, pensativa, que sorri, e não sei se riu nunca. Mas a desilusão não foi uma queda. A figura trazia a nota simpática; o acanho das maneiras vestia a modéstia sincera, de boa raça, lastro do engenho, necessário ao equilíbrio". Um tanto surpreendido com a maneira de ser do poeta, Machado de Assis aponta, na poesia de Correia, uma dimensão humorística. Essa musa alegre animara os textos dos jornais *A Comédia* e *A Gazetinha*. O excelente ensaio *Raimundo Correia Estudante*, de Valdir Ribeiro do Val, além de atestar o tempo de colégio, oferece informações sobre o pitoresco de sua verve poética. Em fase já madura, isso se atesta em "*O Fabordão*", no dizer de Lêdo Ivo, "um dos pontos mais altos do nosso humorismo, comparável ao melhor Heine". Acrescente-se ainda, na sua produção, o sentido social, presente em alguns de seus textos.

O pessimismo de Raimundo Correia se flagra em sua natureza. Homem de poucos amigos, mas a eles fiel, o jovem poeta já expressa a peculiar sensibilidade em *Primeiros Sonhos*, identificando-se com a expressão triste e melancólica dos românticos. Estava também presente o patético morrer-de-amor. Em *Sinfonias*, o "sentimento do mal" se expressa principalmente em "Mal secreto", poema que o imortalizaria, e em "Vulnus e lágrimas românticas". As características românticas vão-se transformando, e nessa coletânea marcar-se-ão a contenção das palavras e das emoções, o rigor na estruturação dos poemas, a busca meditativa do aprofundamento de sua realidade existencial, o que dá margem a que muitos estudio-sos rotulem seu acervo como de *poesia filosófica*. É, por exemplo, o tipo de conteúdo de "Mal secreto", que focaliza a hipocrisia e a dissimulação como artifícios usados pelo homem, no seu trajeto de vida. Essa atitude humana, talvez infelizmente, se atemporaliza por ser imutável no transcurso dos séculos; passam a ter importância para o mundo o *ter* e o *parecer*. Apesar de ilusória, a dissimulação é a grande máscara do homem moderno e Raimundo Correia reflete sobre a possibilidade do desmascaramento de postura forjado numa falsa felicidade: "Quanta gente que ri, talvez existe, / Cuja ventura única consiste / Em parecer aos outros venturosa!". Em *Versos e Versões*, toma-se como exemplo a interpelação inopinada, no poema "Jó". Aí se focaliza o personagem bíblico, cujo livro original a que dá o nome data provavelmente do século V a. C. Partindo da verdade bíblica, Correia alude ao fingimento de bondade da turba. Esta se aglomera em volta de Jó (emir oriental, rico e poderoso, bom e temente a Deus que, subitamente, tudo perde, bens e filhos, além de contrair terrível enfermidade que lhe deixa o corpo coberto de chagas): "São os consolos fúteis / Da turba que o rodeia, e as palavras fingidas, / Mais baixas, mais inúteis / Do que a língua dos cães, lambendo-lhe as feridas."

A revolta contra o ódio e a inveja pode ser tomada como exemplo do pessimismo raimundiano em *Aleluias*, quando se aponta "Papéis Velhos". Partindo de um mote de La Rochefoucauld: "Il y a encore plus de gens sans interêt, que sans envie", o poeta de "As Pombas" tece imprecações contra um mesquinho inimigo que, em realidade, sempre existe na vida de cada qual. O tom e o assunto do poema lembram um poeta que lhe será posterior, Augusto dos Anjos, grande mestre do "discurso da dor": "Ruge, brame, urde intrigas, atraiçoa! / Conspurcas-me os lauréis? Roubas-me a estima / Dos bons? Nunca! Por mais que o ódio te roa / A alma! Por mais que a inveja a alma te oprima!".

E ainda no último poema da coletânea *Poesias*, Raimundo Correia reflete sobre o que somos (Nada) e para onde vamos (para o Nada), realçando a transitoriedade da vida com a morte das ilusões e a sensação do escoar incessante do tempo. Nesse enfoque, o termo *Nada* tem um sentido negativo de ausência, falta: "Nada! Esta só palavra em si resume tudo: / (...) Basta! tudo isso jaz em livros mil... Queimai-os! /
    Que resta após?
        Papel queimado...
            Cinzas...
                Nada!"

A sensualidade de Raimundo Correia se consuma na imaginação. Provindo de uma visão angelical da mulher em *Primeiros Sonhos*, "anjo das tranças louras", o poeta passa a apreender "a tentadora, feminil nudez". À semelhança de Álvares de Azevedo, suas experiências de amor não passam de "visões", como se pode comprovar em "Visões Róseas", em que se identifica a celebração da natureza com a da mulher amada. Sinestesicamente, o poeta confunde imagens visuais e gustativas: "tranças e carnes deliciosas, / Lábios... Vós tudo me lembrais / Botões e cálices de rosas, / Morangos, musgos vegetais."

A característica da lunaridade, assim denominada e tão bem apreendida por Lêdo Ivo, em "Plenilúnio", merece especial consideração de Manuel Bandeira, para quem "não há em língua nenhuma, viva ou morta, exemplo mais cabal" dessa característica do que no poema enfocado "que exalta até as raias da loucura o sentido da vigília noturna". Caracterizando a lua como "astro dos loucos", "sol da demência", Raimundo Correia imprime a esse satélite um tal poder de fascínio que tende à obsessão, culminando no desvario. Pode-se também ressaltar nessa composição o pessimismo individualista do poeta. Em realidade, ele se transfigura na lua, transferindo para ela todo o seu delírio. Ele faz surgir, com esse poema, uma espécie de ilha simbolista, na abrangência de sua obra.

Raimundo Correia é acusado de plagiário por Luís Murat. Segundo o ponto de vista de Múcio Leão, o julgamento que se faz do poeta maranhense provém de um conceito falho de originalidade, que condena o aproveitamento de temas focalizados por outros poetas. Que se recorra a "Mal secreto" e com ele se confronte a famosa oitava de Metastásio; a "O Vinho de Hebe", comparando-o com a poesia de Mme. Ackermann; a "As Pombas", cotejando-o com os trechos em prosa e verso de Théofile Gautier.

Depois de estabelecer esses e outros confrontos, Lêdo Ivo, em estudo realizado, conclui pela aceitação da paráfrase raimundiana. Entretanto, há de se apontar que, quer nas paráfrases, quer partindo de ideias inspiradoras, é patente a recriação do poeta, numa elaboração estética da palavra.

Registra-se aqui, pois, a questão levantada por Múcio Leão:
"Lastimáveis e desprezíveis críticos! Lastimáveis críticos, que se deixavam confundir de maneira tão desastrosa por um falso conceito de originalidade. Queriam eles que Raimundo Correia fosse considerado plagiário porque havia tocado em temas que pertenciam a outros poetas. Mas, então, não bastava ao poeta, para dever ser considerado criador, que ele melhorasse os temas dos outros, tornando-os seus pela nova cor que lhes dava, pelo novo sentido e a nova emoção, de que os deixava palpitantes?" *Poesias completas de Raimundo Correia*. São Paulo, Companhia Editora Nacional, 1948, 1º volume, p. 7.

Telenia Hill

As notas registradas nesta coletânea são de autoria de Múcio Leão.

POEMAS

PRIMEIROS SONHOS

EXPLICAÇÃO

Primícias dos verdes anos, pouco experientes e em que não têm ainda as ideias o lugar, que depois lhes dá o estudo e a lição acurada dos bons livros, merecem, decerto os meus – PRIMEIROS SONHOS – a benevolência daqueles que os lerem.

Não têm as vestes opulentas da musa civilizada, mas também não os chegou a bafejar o hálito corroente do mundo com suas dúvidas, seus sarcasmos e sua indiferença.

Aí vão eles medrosos e vacilantes, com o acanhamento dos primeiros passos e sem os apadrinhar sequer um nome de vulto, para os amparar e lhes amenizar as agruras do curto caminho, que devem percorrer.

Bafeje-os ao menos o favor dos que sabem fazer melhor, que vai nisso generosidade, que tão bem casa nos que têm foro de cidade nos arraiais literários.

À MEMÓRIA SAUDOSÍSSIMA DE MINHA MÃE A MEU PAI

Meus versos são suspiros de minh'alma
Têm outra lei, que o interno sentimento
(G. Magalhães)

Pensava em vós nas horas de tristeza
Quando estes versos pálidos compus
(F. Varela)

PAIXÃO

Passaste um dia junto a mim de súbito,
Desde esse instante em que te vi amei-te!
E apenas tinhas sobre a fronte angélica,
Singela rosa por singelo enfeite!

Longa e lustrosa cabeleira d'ébano
Caía em roscas nos teus alvos ombros,
Como as torrentes, que se arrojam rábidas
Dos níveos Alpes nos algentes combros!

De tal beleza só é Deus o artífice
E aqui da terra nenhum gênio a imita,
Mas sob os seios de nitente mármore
Também d'amor um coração palpita!

És tão formosa! que esplendente auréola
No teu semblante de criança brilha!
Feliz aquele, que é teu pai; invejam-lhe
Todos a glória de tão linda filha!

Bem sei que apenas do Oriente um príncipe
Pode orgulhoso oferecer-te o braço,
Contudo eu, virgem, tive a doida audácia
De erguer meus olhos para o teu regaço!

Basta em minh'alma de tu'alma o anélito
P'ra levantar-me o coração dolente,
Bem como o vento em borborões na África
Levanta a areia do deserto ardente!

A minha lira não tem voz, concerta-lhe
As cordas d'oiro com teu mago encanto –
E a gente, que hoje, sem motivo, odeia-me,
Para amanhã para escutar meu canto –

Sou orgulhoso! mas se passas, férvido
Meu lábio o rastro dos teus pés não beija?
E não me prostro como a planta súplice
Prostra-se ao vento que a passar pragueja?

É que em meu seio da paixão o incêndio
Lavra-me em fúria o coração que te ama,
Como vermelha a labareda enrola-se
Pelas colunas d'um palácio em chama.

Miragem loura em solidão inóspita,
Ai! não me fujas, nem de mim te escondas!
És meu farol – eu sou baixel sem bússola,
Que o mar sacode em volumosas ondas!

Volve a meus olhos os teus olhos vívidos,
Puros, despidos d'altivez sublime,
Que há nesses olhos uma aurora lúcida,
Que expele a noite que o meu ser oprime!

Se mos volveres a minh'alma sôfrega
Há de inundar-se dessa nova aurora –
E dirão todos a me ver sem lágrimas:
Como é feliz aquele moço agora!

SONHOS

Anjo das tranças louras! eu quisera,
Rosa fresca da minha primavera,
　　Flor – mais que as outras flores,
Nas matas virgens fabricar meu ninho,
Longe do mundo, e lá viver sozinho
　　Contigo – meus amores!

À sombra de florido cajueiro,
Quero tanger meu lânguido pandeiro
　　Pelo raiar d'aurora;
Ver – nuvens no poente ensanguentadas,
Sentir beijos das bocas perfumadas
　　Da viração que chora!

Ver a exalar o odor, nos bosques, acre,
Abrir-se a flor silvestre cor de lacre
　　Ao fogo tropical.
Do sol, que as fontes límpidas amorna,
Seca as verduras da campina e torna
　　Em brasas o areal!

Quero tirar do violão um treno
Quando escorrer nas folhas o sereno,

Que cai baga por baga,
Escrever o teu nome n'alva areia,
E ouvir ao longe o mar que esbofeteia
   A solitária plaga!

Filha! feliz naquela soledade,
Eu tornaria em pura realidade
   Todos os sonhos teus!
E – Jesus! tão idólatra eu seria,
Que prostrado a teus pés te adoraria
   Como se adora um Deus!

Será o quarto teu, moça bonita,
Um sacrário, onde eu só – feliz Levita –
   Poderei penetrar!
E lá nós, embalando-nos na rede,
Os painéis pitorescos da parede
   Iremos contemplar!

Eu serei caçador, tu – costureira...
(Pois não posso viver a vida inteira
   Junto aos joelhos teus!)
E quando eu for caçar pela floresta,
Um beijo imprimirás na minha testa
   Dizendo triste: adeus!

Tendo ao lado a cestinha de costura,
Tu coserás à noite, virgem pura,
   Em plácido remanso,
E inclinarás a fronte fatigada,
Sobre o fofo espaldar da almofadada
   Cadeira de balanço!

E, quando desses dedos cor de rosa
O teu dedal de prata, preguiçosa,
   Escorregar no chão,
Tens em mim um escravo paciente
Para apanhá-lo, rápido, contente
   E pô-lo em tua mão!...

Se dormes, eu te acordo – e tu, desperta,
Hás de então ver pela janela aberta,
   Na tela do horizonte,
Que a lua cheia – lâmina redonda –
Faz saltar esculpida d'onda em onda
   A macerada fronte!

SÍLFIDE

Passaste, sílfide,
À luz da lua,
Co'a face nua,
Sem ter um véu!
Eu vi-te, pálida,
Olhar chorando,
De quando em quando,
Pr'o ermo céu!

Alvejam cômoros
Dos nevoeiros!
Como os coqueiros
São espectrais!
Fantasma lúgubre
Uivava triste,
Quando saíste
Dos coqueirais!

Folhas deslocam-se
Dos galhos – secas...
Lá nas charnecas
Mocho piou!...
Brincava trêmulo

Um brilho vago
À flor do lago,
Que latejou!

A flor das árvores
Murcha, indolente,
Sobre a torrente
Balança e cai...
O orvalho – o zéfiro
Da flor na taça
Bebendo passa,
Cantando vai!

Reluz tão lânguida
A estrela-d'alva
Na face calva
Do mar sem fim!...
Vertendo lágrimas
Do imo d'alma,
Eu vi-te em calma
De noite assim!

Os dedos frígidos,
Brancos de neve,
Roçaste leve...
Meu ser tremeu!
Quem és? responde-me!
Alma sem vida,
Forma perdida,
Delírio meu!

Beijar-te – estólido –
Eu quis – fugiste –
Pálida e triste,
Branco vapor!
Fugiste súbito,
Desfez-te a aragem,
Louca miragem,
Alma de flor!

Eu vi-te – gélida –
Em noite fria,
Fada sombria,
Fitar o céu!
Quem és tu? sílfide!
Rosa das campas,
Que o vulto estampas
No peito meu!

MÁGOAS

Na hora em que as clícias que nascem nos vales
Entornam do cálix as gotas do orvalho;
E quando o bafejo da plácida aragem
Meneia a folhagem da beira do atalho;

Na hora em que surge do mar no oriente
O sol refulgente nas vagas revoltas,
E quando nas águas da quieta lagoa
Desliza a canoa co'as velas às soltas;

Na hora em que vagam roceiras donzelas
No prado capelas tecendo de rosas,
E as nuvens trazidas nas asas do vento
No azul firmamento se espraiam formosas;

E as flores cheirosas alastram a relva,
E a rola na selva desperta arrulando,
E, como vapores, mil hinos sagrados
Das veigas, dos prados, se vão levantando;

Ness' hora eu tristonho, nas cismas perdido,
Passeio envolvido das máguas no manto;
Nem lágrimas tenho da dor como efeito,
Recusa-me o peito consolo no pranto.

E vou pensativo, com tristes suspiros,
Nos ermos retiros carpir essas mágoas;
São elas mistérios – bem como os segredos,
Que aos duros rochedos murmuram as águas...!

SEMPRE EU!

Há alguém, que te segue e em te seguir não cansa,
Aos teus olhos oculto, e amando-te, criança,
Vê um rastro celeste em cada passo teu –
E esse alguém delira, e vive só de amar-te
Esse alguém, que, febril, segue-te à toda parte,
Desculpa-me, sou eu!

Um dia no sofá dormias indolente,
E outro lábio roçou o lábio teu dormente
De leve... e láteo e nu teu seio estremeceu!
Sem corar, acordaste ao toque ardente e terno,
Supões, que foi, talvez, um ósculo materno?...
Enganas-te, fui eu!

E quando inda mais tarde, em dias bem distantes,
Tremerem de prazer teus olhos cintilantes
De noiva sob o alvor do imaculado véu,
E um moço te disser depois na alcova: eu posso
Beijar-te, és minha só, eu amo-te!... Esse moço
Quem sabe, serei eu!

SINFONIAS
A Valentim Magalhães

PRIMEIRA PARTE

A Capistrano de Abreu

AS POMBAS...

Vai-se a primeira pomba despertada...
Vai-se outra mais... mais outra... enfim dezenas
De pombas vão-se dos pombais, apenas
Raia sanguínea e fresca a madrugada

E à tarde, quando a rígida nortada
Sopra, aos pombais de novo elas, serenas,
Ruflando as asas, sacudindo as penas,
Voltam todas em bando e em revoada...

Também dos corações onde abotoam,
Os sonhos, um por um, céleres voam,
Como voam as pombas dos pombais;

No azul da adolescência as asas soltam,
Fogem... Mas aos pombais as pombas voltam,
E eles aos corações não voltam mais...

SOBRE UM TRECHO DE MILLEVOYE

A Urbano Duarte

Não há quem a emoção não dobre e vença,
Lendo o episódio da leoa brava,
Que, sedenta e famélica, bramava
Vagando pelas ruas de Florença.

Foge a população espavorida,
E na cidade deplorável e erma
Topa a leoa só, quase sem vida,
Uma infeliz mulher débil e enferma.

Em frente à fera, no estupor do assombro,
Não já por si tremia ela, a mesquinha,
Porém porque era mãe, e o peso tinha
Sempre caro pr'as mães, de um filho, ao ombro.

Cegava-a o pranto, enrouquecia-a o choro,
Desvairava-a o pavor!... e entanto, o lindo,
O tenro infante pequenino e louro,
Plácido estava nos seus braços rindo.

E o olhar desfeito em pérolas celestes
Crava a mãe no animal que para e hesita,
Aquele olhar de súplica infinita,
Que é só próprio das mães em transes destes.

Mas a leoa, como se entendesse,
O amor da mãe, incólume deixou-a...
E que esse amor até nas feras vê-se!
E é que era mãe talvez essa leoa!

DUAS MORTES*

(Blasco)

A criancinha tinha um mês somente,
E a velha os seus oitenta anos de idade;
Foram tocadas de uma enfermidade
Dessas que matam repentinamente.
Vi-as ambas morrer, e não sabia
Como o seguinte fato então se dava:
A velha em ânsias, a morrer – chorava,
Enquanto alegre a criancinha – ria.

*Publicado em *A Comédia*, de 9 de abril de 1881. Reapareceu em *O Mequetrefe*, de 30 de setembro de 1885.

UM SONETO DE ZORRILLA*

A Filinto de Almeida

Mulher! Leva essa taça; outra que venha
Maior; que dessa o vinho as bordas passa...
Leva-a, e traze outra já; venha uma taça
Grande, e que todo esse licor contenha!

Lá fora o vento as árvores desgrenha,
Estala o raio, o temporal esvoaça...
Anda! se à porta o viajor que passa
Se detiver, deixa que se detenha!

Deixa que espere ou desespere fora!
Deixa, enfim, que ele siga o seu caminho,
Que em torrentes a chuva inunda agora!

Que com água viaje ele, o mesquinho,
Eu quero o vinho, dá-m'o sem demora,
Porque eu não posso viajar sem vinho.

---

*Este soneto, na coletânea das *Sinfonias*, traz o título de "Zorrilla" e foi publicado em *A Gazetinha* de 8 de março de 1882. Apresenta ali a seguinte variante: *Traz-me*, em lugar de *traze*.

MÃE E FILHO

(Vítor Hugo)

Mãe! A teu filho muita vez disseste
    Que o céu tem anjos, e há
Só alegrias no viver celeste,
    E é melhor viver lá;

Que é um zimbório de pilastras belas
    Tenda de ricas cores;
Jardim de anil e lúcido de estrelas
    Que se abrem como flores;

Que é o mundo dos seres invisíveis,
    De que Deus é o autor,
De misticismo azul, de inexauríveis
    Gozos, de eterno amor;

Que é doce lá, num êxtase que encanta,
    Sentir que a alma se abrasa,
E viver com Jesus e a Virgem Santa
    Numa tão linda casa…

Mas nunca lhe disseste, inconsolável
    Mãe, chorosa mulher,
Que ele, o pequeno, te era indispensável,
    Que ele te era mister;

Que pelos filhos, quando são pequenos,
    Muito as mães se consomem,
Mas que a mãe com seu filho conta ao menos
    Quando for velha, e ele homem.

Nunca disseste que no escuro trilho
    Da vida, Deus que é pai,
Quer que o filho a mãe guie, e a mãe o filho,
    Pois um sem o outro cai...

Nunca disseste! e agora, morto, apertas
    Nos braços teu filhinho!
Deixaste as portas da gaiola abertas,
    Voou o passarinho...

RIO ACIMA

Frio, nas baixas sáfaras da riba,
Rolando as vagas túrgidas, tamanhas,
Por florestas, por vales, por montanhas,
Serpenteia espumante o Paraíba;

Quando o tufão as selvas e os palmares
Bravejando vandálico devasta,
Na móbil superfície o rio arrasta
Hartos madeiros, troncos seculares...

Então, enquanto sobre as águas descem
Esses espólios do combate ingente,
Veem-se ilhas cobertas de verdores,

Belas, florentes balsas, que parecem
Subir de um lado e de outro lentamente,
Como baixéis fantásticos de flores...

MAL SECRETO

Se a cólera que espuma, a dor que mora
N'alma, e destrói cada ilusão que nasce,
Tudo o que punge, tudo o que devora
O coração, no rosto se estampasse;

Se se pudesse, o espírito que chora,
Ver através da máscara da face,
Quanta gente, talvez, que inveja agora
Nos causa, então piedade nos causasse!

Quanta gente que ri, talvez, consigo
Guarda um atroz, recôndito inimigo,
Como invisível chaga cancerosa!

Quanta gente que ri, talvez existe,
Cuja ventura única consiste
Em parecer aos outros venturosa!

A AVÓ

A Hugo Leal

Este infante de olhar e faces inocentes
Me repele, e por quê, quando me achego dele?
Quando com as mãos sem força, engelhadas,
                               trementes,
O afago, por que chora e por que me repele?!

A velhice tornou meu semblante tão feio,
Que às crianças que beijo, ameigo e acaricio
Já não inspiro amor, só inspiro receio?!

Meu riso é hoje acaso um momo tão sombrio,
Que este infante que embalo, este que de mim veio,
Que é meu neto, este até, chora quando me rio?!

E como ele, contudo, eu sou fraca, e, como ele,
Eu não tenho também nem cabelos, nem dentes...
Ai! quando o vou beijar, por que é que me repele
Este infante de olhar e faces inocentes?!

A ADELAIDE TESSERO

Artista! O gênio, a força estranha e santa
Que a linguagem das almas interpreta,
E do humano sentir move e levanta
A válvula mais funda e mais secreta,

Tu o possuis; por ele é que, sublime,
Todo o insondável caos, todo o complexo
Dos dramas da paixão, teu gesto exprime
Ante o auditório atônito e perplexo.

Por isso, ora veemente, ora tranquila,
Quando, com teu condão mágico, tocas
Todo o teclado harmônico das almas,

Do teu gênio o relâmpago fuzila,
Troa um violento bravo de mil bocas,
Desencadeia-se um tufão de palmas.

NO DECENÁRIO DE CASTRO ALVES

Tinha na mão brilhante a trompa bronzeada.*

(*Castro Alves*)

Foram-se todas já. Uma era a bela
Musa das notas líricas, sombrias;
Outra empunhava a taça das orgias;
Outra o pincel da americana tela;

Esta era torva e extravagante; aquela
De Henri Heine lembrava as fantasias:
Eis as musas gentis do Abreu, do Dias,
Do Azevedo, do Freire e do Varela...**

Cada uma destas pálida sustinha
Na mão uma harpa de oiro, e a desejada
Glória a seguir cada uma destas vinha...

De Castro Alves porém a iluminada
Musa, em logar duma harpa d'oiro, tinha
Na mão brilhante a trompa bronzeada.

---

*"Tinha na mão brilhante a trompa bronzeada" é um alexandrino extraído à "Deusa Incruenta", famosa poesia de Castro Alves.

** "Eis as musas gentis do Abreu, do Dias,
Do Azevedo, do Freire e do Varela..."
Refere-se a Casimiro de Abreu, Gonçalves Dias, Álvares de Azevedo, Junqueira Freire e Fagundes Varela, companheiros de Castro Alves na constelação do nosso Romantismo.

O CHALÉ

É um chalé risonho, alvo e correto,
Como os chalés austríacos; fachada
Triangular, pirâmides no teto,
Largas cimalhas, cúpula quadrada.

Para campos sem fim rasga a janela
De amplos caixilhos... tudo o que o rodeia
Lembra, no fundo azul de uma aquarela,
Uma paisagem rústica de aldeia...

Os capitéis coríntios dão-lhe à frente
Um ar pagão, festivo e romanesco;
E no jardim, em tanque transparente,
Soa o repuxo cristalino e fresco.

Quando pelo portão às vezes passo,
Entre as grades de ferro, deslumbrante,
Vejo o cilindro de um ebúrneo braço,
Ao pescoço de um cisne semelhante.

E vem ferir-me o tímpano do ouvido,
Como um ruído de harpas argentinas,
Um ruído qualquer, que é o ruído
Particular das vozes femininas.

ALFAÍMA*

A mourisca feição que ensombra e vela
Da negra coma o nítido veludo,
Aquela graça original, aquela
Voz, aquele sorrir cândido, tudo,

Tudo, como que um láudano propina,
Que insinua-se n'alma, e que a alma absorta,
Arrasta, vence, atrai, seduz, domina
E a longes plagas, rápido, transporta...

---

* Publicação anterior: *A Comédia*, em 9 de março de 1881.

Dos anafins as músicas ressoam**
Barulhentas, excêntricas; reboam
Os estampidos hórridos do Ganges;

Fulge o rubro cariz do céu do Oriente,
E abre-se um sol que bate em chapa, ardente,
Sobre um milhão de rútilos alfanges...

** "Dos anafins as músicas ressoam..."
  Raimundo Correia usou a forma *anafim,* que existe ao lado de *anafil,* parecendo que esta última é a mais usada. Em Camões está *anafil:*
  "Com toucas na cabeça; e navegando
  Anafis sonorosos vão tocando."
Também em Francisco de Andrade é *anafil:*
  "Faz soar o anafil, larga o estandarte..."
  (*Cerco de Diu,* Canto IX, est. 40, col. I, apud o Dicionário de Vieira).
  O *anafil,* ou *anafim,* "é uma trombeta mourisca, igual, direita, sem voltas, com menos boca e mais largura do que as nossas e semelhante ao clarinete". É como a define o dicionarista acima citado.

FRUTAS E ROSAS*

(Campoamor)

Uma rosa entre frutas, minha amada,
Um dia eu te mandei... tu que me escutas,
Dize: porque essa boca perfumada
Beijou a rosa sem comer as frutas?

Uma outra vez eu fiz-te igual presente,
Rosa entre frutas... mas por quê, formosa,
Essa boca a se abrir avidamente
Comeu as frutas sem beijar a rosa?

---

* Publicação anterior: *O Mequetrefe*, em 24 de dezembro de 1881.

LÁGRIMAS ROMÂNTICAS*

Na espessa e plúmbea cor do céu de agosto
Do dia os raios últimos morriam,
E o cerro e a várzea ao longe, do sol posto
No vapor doce e pálido esbatiam...

Eu despedi-me trêmulo; o desgosto
Cerrou-te o coração; se umedeciam
Teus olhos belos, por teu belo rosto
Tinto de rosa, as lágrimas caíam...

Parti convulso, delirante, incerto...
O descampado extenso abriu-me o seio
Sem verde arbusto, sem humano rasto...

E eu seguia a estender sobre o deserto
Outro deserto: o da alma, inda mais feio,
Inda mais horroroso, inda mais vasto...

*Publicação anterior: O Mequetrefe, em 2 de agosto de 1882.

SEGUNDA PARTE

A Augusto Lima e
A Randolfo Fabrino

O POVO

A Assis Brasil

Ele é o fulvo leão que à selva primitiva
O eco virgem, sopito, estrungido abalava;
De um sanguinoso abutre a rubra garra viva,
Traidora transformou essa cabeça altiva
    Numa cabeça escrava!

Sufocaram-lhe o rude e assombroso bramido,
Cegaram-no, o baldão escarraram-lhe à face,
E ao tinir dos grilhões, inerme, contundido,
Foi na praça o chapéu de Gessner exibido
    Para que ele o saudasse...

Mas pode o ínclito herói no pérfido litígio
Rotos os louros ver, e a glória exausta e finda,
E mesquinho e sem brilho apeando ao fastígio,
De todo o fausto nu, nu de todo o prestígio,
    Ele é herói ainda!

Tal sob o calcanhar da vitória esmagada,
Ruge a brava legião, se dizima* e falece;
Mas entre a ruinaria, ereta, alevantada,

---

*Dizima. Na edição original está *dezima.*

E sobre a haste sem luz da bandeira rasgada
A águia de bronze vê-se.**

Ele o intrépido herói, o Povo, a força extinta
Veja, embora, e não veja em seu ermo horizonte
Um só astro, e no flanco os acicates sinta...
Há um fogo interior que o avigora e lhe pinta
   Esse orgulho na fronte.

A egrégia tradição de uma remota origem,
Como um gérmen de luz, nele fermenta; corre
Do tempo, em vão, sobre ele a túrbida caligem,
Vergasta-o, sangra-o em vão do déspota a vertigem;
   Esse gérmen não morre;

E em contínuo avultar, no fundo subterrâneo,
Onde a cerviz lhe oprime a garra vulturina,
Fuzila um dia enfim, como um raio instantâneo,
Como a sábia noção paradoxal, que o crânio
   Dos Newtons ilumina.

Como dantes, o leão a sacudir a juba
Brame!... Enquanto na orgia o sólio se corrompe,
Sob as asas o abutre, inconsciente incuba
O óvulo da águia audaz, que os reis fere e derruba
   Quando o óvulo se rompe.

Ao trono a rebelião ergue os adustos braços,
Quebram-se as pompas vis, podres, estultas, fátuas;

  ** Observe-se a rima: *falece, vê-se.*

E aos bélicos trovões, dos Cômodos devassos,
Faz-se em trapos o manto, e o diadema em pedaços,
Decepam-se as estátuas...

E alta, sobre o destroço, a águia da liberdade,
Gira, pairando no ar, e no amplo azul imerge...
Eis o esplêndido e infindo alvo a que a humanidade
Como a um grande e fatal centro de gravidade,
Há séculos converge...

AO PODER PÚBLICO

(1º de janeiro de 1880)

Tu que és da direção das massas investido,
Tu que vingas o crime e que o Povo defendes,
E executas a lei penal, e do bandido
No topo de uma força, o cadáver suspendes;

Tu que tens o canhão, a tropa, a artilharia,
Tu mesmo és quem fuzila a inerme populaça;
Incurso estás também no Código e devia
P'ra ti também se erguer uma força na praça!

ANDRÉ GILL

A Luís Murat

Como quem se debruça à flor de um precipício
Viste o mundo: a Virtude e o Brio torturados;
A golilha da Igreja aspérrima; o flagício
Das modas, e os heróis ridicularizados...*

Tudo veio ofender-te os olhos deslumbrados.
Ah! esta sociedade, este núcleo do Vício,
Não é mais, André Gill, do que um imenso Hospício
Cheio de alienados!...

Viste essa úlcera enorme,
Que há de o corpo social fazer tombar disforme
Como um tronco que rui podre, sem folhas, oco...

Foi teu riso um cautério atroz à sociedade,
Mas a louca que odeia os Rabelais, hoje há de
Rir de ti, como ri-se um louco de outro louco.

---

*Na edição original, está *redicularizados*.

COLOMBO

(Schiller)

Não te venha esmagar a mofa e a injúria imunda,
Nem aos teus, nem a ti, a fadiga, o torpor;
E a região que entreviste em teus sonhos, fecunda,
E o clarão de outro sol, no outro hemisfério, inunda,
E que buscas, verás em seu todo esplendor.

Se é acaso esse mundo ilusão, rutilante
Das águas romperá, como do caos a luz...
Porque em vínculo forte, insolúvel, constante,
Une-se a natureza ao gênio palpitante
E o que este, só, semeia, é que aquela produz.

A CABEÇA DE TIRADENTES*

A Joaquim Serra

Da ideia que engendrou pendia a sorte
Da pátria, a sorte a que ela, ávida anseia;
Mas o músculo férreo, o punho forte
Comprime-lhe do déspota a cadeia.

Sela-lhe a morte os lábios e os roxeia,**
E anuvia-lhe o largo e altivo porte –
Morre esmagado pela grande ideia!**
Morre – e morrendo isenta-se da morte!

Do moribundo a mártir e divina
Cabeça fulge sobre o poste imundo,
Onde grasnam as aves de rapina;

Da luz sangrenta que, a morrer, derrama,
Em torno, o sol – esse outro moribundo –
Tece-lhe um largo resplendor de chama...

---

*Na edição original o nome está: *Tira-Dentes*. Publicação anterior: *A Comédia*, em 22 de abril de 1881.
** Observe-se a rima de *rouxeia* e *ideia*.

VERSOS E VERSÕES

ASPÁSIA

A Filinto de Almeida

Do clarão oriental do sol; da balsamina,
Doce, pelo nariz bebendo a essência fina;
Do lábio a polpa a abrir, mais úmida e vivaz,
Que a polpa sumarenta e rija do ananás;
Com as mãos a suster dos seios copiosos
O gêmeo e branco par, os dois limões cheirosos,*
Os dois globos de neve humana; e o largo olhar
Embebedando em luz; toda a se espreguiçar,
Num espreguiçamento e num bocejo estranho,
Aspásia vacilava antes de entrar no banho...
Como a expelir do sono os fluidos mais sutis,
Os membros distendia, às curvas e aos quadris
As linhas desmanchando, ondulosas, redondas...
Borborinhava embaixo o rio arfando em ondas,
E, frio, a borbotar em túmidos cachões...
E, por cima, enredando as folhas, os festões,
O viço vegetal e a laçaria brava,
Sobre ela a brenha verde e em flor se abobadava.

---

*"Com as mãos a suster dos seios copiosos
O gêmeo e branco par, os dois limões cheirosos..."
A comparação do seio feminino com o limão já está em Camões:
"Os formosos limões, ali cheirando,
Estão virgíneas tetas imitando..."
Incluída em *Boêmia Galante*, de Martins Fontes.

Um favônio importuno e lúbrico, veloz,
Desnastrava-lhe à corna os negros caracóis,
E, descompondo-a, ao ar lhe erguia a escúmea fralda...
Finalmente ela entrou na líquida esmeralda,
Pouco a pouco... meteu, primeiro, o leve pé
De jaspe e rosa, e após cingi-la já até
Quase ao meio da branca e deliciosa perna
A água, a se desfazer numa carícia terna...
Mas um berro brutal, de súbito, atroou,
E no ambiente aromado ativo se espalhou
Esse *olor* especial de que fala, no idílio
Agreste e pastoril das Éclogas, Virgílio;
Entre as moitas estava a contemplar-lhe os mil
Encantos da nudez e o busto feminil,
Com olhos de lascívia e de volúpia mornos,
Um sátiro enramado, um Coridon de cornos,
Um bode enfim... Surpresa, ela olhou para trás,
Estremeceu, e viu-se então a coisa mais
Estranha e original, que imaginar se pode: –

O bode a persegui-la, e ela a fugir do bode!...

O SONO DE LEILÁ*

(Leconte de Lisle)

Calmo estio; a água viva não murmura,
Nem ave alguma as asas bate, arisca;
Apenas, leve, o bengali belisca
Da rubra manga a polpa áurea e madura;

No parque real, à sombra verde-escura
Das latadas, a lânguida mourisca
Leilá repousa à sesta... O sol faísca
Num céu de chumbo ardente, que fulgura...

Oprime o rosto o braço contrafeito;
O âmbar de pé sem meia, docemente,
Colora as malhas do pantufo estreito;

Dorme e sonha, e, sorrindo, o amante chama,
O lábio a abrir – fruto aromado e quente,
Que o coração refresca e a boca inflama.

---

*Publicação anterior: *Correio do Povo,* em 5 de abril de 1890. Reapareceu em *A Semana,* em 28 de agosto de 1894 na página organizada em lembrança do dia da morte de Leconte de Lisle. Nessa página figuraram ainda de Raimundo Correia as traduções de "Paisagem Polar" e "A Pantera Negra" (que estão incluídas neste volume das *Poesias Completas*); e figuraram também a "Medalha Antiga", de Olavo Bilac, a "Tristeza do Diabo", de Valentim Magalhães; e bem assim o artigo de Lúcio de Mendonça intitulado: "Leconte de Lisle".

GARRA OCULTA*

Sob o chuveiro de ouro da madeixa
Solta e sem nastros da formosa dona,
O alvo maltês os fulvos olhos fecha;
E, na fofa e na tépida almofada
    Do colo da Rainha,
Onde nervoso e elétrico se aninha,
Aos regalos da sesta se abandona,
Ninguém lhe vê, por certo, o golpe agudo,
    A lanceta acerada,
A garra oculta, da graciosa pata
    No estojo de veludo...
    Também a mão ingrata,
A clara e débil mão, que, carinhosa,
Com um afago e um mimo em cada dedo,
Lhe acaricia a felpa volutuosa
Do tenro dorso... apenas, muito a medo,
Fugaz e só em rápidos instantes,
    Vaga e indistintamente,
O sangrento coral das lancinantes,
Das caprichosas unhas mostra à gente...

---

*Na coletânea de *Versos e Versões* esta poesia não traz título. "Garra oculta" foi título que encontrei nela, num recorte que descobri numa coleção de papéis particulares do arquivo de Raimundo Correia; por isso adotei esse título.

O ESPELHO DE ANACREONTE

Braços, que me vêm prender,
Como em roscas serpentinas;
– Rijas heras do prazer –
O que enlaçais são ruínas
Do que já deixei de ser!

O mesmo já não sou eu!
Onde a calva é mais escassa
O cabelo embranqueceu...
Pois tudo se altera e passa
Co'o tempo, em mim sucedeu: –

Aos favos do gozo – a dor,
O menosprezo – aos carinhos,
A enfermidade – ao amor;
E do amor se inda os espinhos
Sinto... já não sinto a flor.

Em vão com um beijo, dois,
Três e mais, vós, desumana,
Tentais enganar-me; pois,
O espelho é que não me engana;
E... mais polida não sois!

Se afiz-me a volver-lhe o olhar,
Foi que enfim... Sabei: o espelho,
Sem dobrez, liso, exemplar,
Não há de, ao casquilho velho,
Por moço fazer passar.

O CAMELO E O CORCUNDA*

(*Le Bailly*)

Aos sons de um pífano
E de um tambor,
Um camelo trazido, há pouco, da África
Em Paris ostentava-se. Ao redor
Um grande círculo
De dez, de cem,
De mil curiosos se formava; próximos
Do animal raro, para vê-lo bem.
O livre trânsito
Quase a fechar,
Cada um queria, acerca do quadrúpede,
Seu franco parecer manifestar;
Um padre nota-lhe,
Com devoção,
O olhar submisso. Um magistrado inveja-lhe
A grave e natural circunspeção.
Um usuário
Louva-o, por ser

---

*Publicação anterior: *O Mequetrefe*, em 10 de julho de 1885.
A variedade de metros, a combinação das palavras esdrúxulas (sem rima) com as agudas rimando, dão a esta poesia uma especial graciosidade, bem de acordo com o seu assunto. Lúcio de Mendonça reputou esta poesia *un tour de force de metrificação*. (*A Semana*, v. 3, p. 227).

Este o animal mais sóbrio, verbigratia:
Passar dias e dias sem comer...
   Mas, a propósito,
   Chega-se aos mais
Um concunda dizendo: – "O maior mérito
Do camelo é possível que esqueçais?!
   A giba é. Vede-a:
   É, ou não é?
A giba é que este bruto faz, sem dúvida,
Mais casquilho, elegante e nobre até"
   E todos riram-se
   Disso, em redor;
No entanto, aos mais louvando, de contínuo,
Louva-se a gente, a si, sem tal supor.

A UNS 66 ANOS

Não pasma ver-te pasmo ante os ebúrneos globos
Do seio, e a palidez marmórea de Frineia;
Nem ver, ante ela, a uivar, como famintos lobos,
Teus instintos, em bruta e voraz alcateia;

Bem pouco importa ir já nevando-te os cabelos
O inverno dos sessenta e seis anos de idade:
– Muita vez, na estação dos frios e dos gelos
Os lobos vêm até as portas da cidade.

FANTINA

Enquanto ao peito maternal unida
Tens do infante a boquinha cor de rosa,
Que – ineroxável, sôfrega ventosa –
Suga-te o leite, o sangue, a força e a vida;

Não é, mulher inválida e abatida,
Mais que a tua a alegria generosa,
Que o pelicano, junto à prole, goza,
Quando da própria carne a vê nutrida.

Ao filho, ó mãe, que, no lençol dourado,
Envolto dorme, tácito e tranquilo,
Do teu louro cabelo desmanchado,

– Manche-te a infâmia, embora, o sacro asilo –
Do virginal pudor esfarrapado
Inda um farrapo tens para cobri-lo!

PESADELO DE EMA

A Cardoso de Menezes Júnior

Esta paixão criminosa,
Que o sangue das ilusões
Nutre; e que mata impiedosa,
Todas as outras paixões,

É o amor, que os mais amores
Vence; e o coração, num leito
De espinhos, brasas e dores,
Põe-me, sangrado e desfeito;

Enche-me todo e, invisível,
Internamente me dói;
Vai-me pela alma e, terrível,
Tudo o que topa destrói;

E, insidioso, coloca
O lábio frio e visguento
No seio, onde hauria a boca
Dos sonhos – filhos que alento.

Assim, enquanto Ema dorme,
E ao colo o filho gentil
Lhe suga o leite, uma informe
Serpe a esgueirar-se, sutil,

E dos filhos, em torno, o par louro e inocente!
Um bom fogo a cada um nas lareiras se ostente,
E cada um venha achar pejados os celeiros,
E em toda a parte o asseio, a abundância, a fartura.
E, quando, à noite, cada estrela arde e palpita,
— Fruto de luz suspenso
Das ramagens ideais dessa árvore infinita —
De cada estrela desça,
Pelos raios de prata,
De imenso amor e paz benigno influxo imenso!
Gorjeie o ninho! o mar ferva! estronde a cascata!
Sorria a boca! o peito estue! a asa estremeça!
Longe ainda a estação está das longas chuvas;
Fulge ainda o amarelo intenso das espigas;
E ainda nos lagares
Espirra o sangue vivo e púrpuro das uvas!
Tempo ainda é de dares,
Homem, deixando o velho arado no abandono,
O repouso a teu corpo exausto de fadigas,
E ao boi trabalhador e generoso o sono!" —

Naqueles tempos bons e simples, assim era,
Que falava dos bois a voz solene e austera,
E Virgílio a escutava então, atento e mudo,
Como eu ainda agora a escuto, mudo e atento;
E a água via passar o cisne... a árvore o vento
Via passar... e a rocha a escuma... E passa tudo
Hoje de novo, como outrora! E hoje o mugido
Dos bois tem para mim ainda igual sentido!

O ORGULHO*

(C. Mendes)

Quando ainda a matéria e a forma eram futuras,
O Criador sonhou o amor das criaturas;
E o mundo a construir com seu grande poder,
Disse: – "O homem há de, aqui, respirar com prazer
E júbilo maior meu sopro; ele aqui há de
Feliz fitar a minha imensa claridade".
E, em seguida, com o pé fez rolar um torrão**
De barro, e este, animado, ergueu-se... Deus então
Disse: – "Adão é teu nome; os astros, o horizonte
Profundo, os animais da floresta e do monte,
As nuvens, os bilhões de aves, que habitam o ar,
O oceano, a terra e o céu, e a mulher, cujo olhar
É composto de dois outros céus mais pequenos...
Homem, tudo isto é teu; eu dou-te; e, em paga, ao menos,
Sempre, humilde hás de amar-me, adorar-me e ter fé..."

E o homem bradou: – "Porque tu me meteste o pé?!"

---

* Publicação anterior: *O Vassourense*, em 28 de março de 1886.
** Em *O Vassourense* está: *e depois* em lugar de *e, em seguida*.

UM NÚMERO DO "INTERMEZZO"

(H. Heine)

Tanto as puníceas rosas
Das faces, como as brancas açucenas
　Dessas mãos caprichosas,
　Nevadas e pequenas;

　Tanto os jasmins do seio,
Como as azuis violetas desse olhar
　De fantasias cheio,
　Cheio de almo luar;

　Tudo em vós com afeto
A primavera orvalha, e à luz se inflora,
　Fulge e irradia, exceto
　Um só lugar, senhora:

　Um ponto, um só, existe
Deserto em vós: somente uma região
　Árida, estéril, triste…
　E é: vosso coração!

NA TASCA

(F. Coppée)

Dentro, na esconsa mesa, onde fervia
Fulvo enxame de moscas sussurrantes,
Num raio escasso e trêmulo do dia,
Espanejando as asas faiscantes,

Vi-o: – bêbado estava, e inebriantes
E capitosos vinhos mais bebia,
E em tédio, como os fartos ruminantes,
A larga boca estúpido movia...

E eu pensativo, eu pálido, eu descrente,
Aproximei-me do ébrio, com tristeza,
Sem ele quase o pressentir sequer;

E vi: – seu dedo, aos poucos, lentamente,
No vinho esparso, que ensopava a mesa,
Ia traçando um nome de mulher...

ANACREÔNTICA

(Th. Gautier)

Poeta! Sofrea os ímpetos!
Não faças que o meu amor
Fuja e evole-se – ave tímida –
Ao róseo céu do pudor.

O amor é medroso e alígero;
Pomba, que treme e que arrulha...
Sê cauteloso; ela espanta-se
E foge à mínima bulha...

Mudo, como Hermes de mármore
Da árvore ao pé; hás de ver
Aos poucos, sem sustos, da árvore
A pomba descer, descer...

Sentirás nas fontes, flácido,
Um sopro de alma frescura,
E um palpitar de asas, trêmulo,
Num turbilhão de brancura...

E em teu ombro a ave selvática,
Já mansa, hás de ver poisar;
E o seu róseo bico, sôfrego,
Nos beijos teus se fartar...

SOBRE SCHOPENHAUER*

Ao Dr. Licurgo dos Santos

Despertar-te jamais foi dado ao mundo,
Do coração no tenebroso fojo,
Esse rancor profundo, esse profundo
    E irresistível nojo;

Nem da cólera o incêndio, que arde e fuma,
Refletiu-se em teu rosto macilento,
Nem te afluiu à boca a verde espuma
    Do fel amarulento.

O sarcasmo do gesto contrafeito,
Mordaz, soubeste disfarçá-lo um dia,
Compondo juntos, num só laço estreito,
    O beijo e a zombaria.

E o ódio escondido n'alma, tumultuoso,
Ferveu, pulou-te em vão, internamente;
Revelá-lo seria perigoso,
    Ridículo e imprudente.

Jamais do lábio irônico e sombrio
A alma te veio à flor; sempre sereno,
Sorriste... Os animais de sangue frio
    São os que têm veneno!

*Incluída na *Boêmia Galante,* de Martins Fontes.

JÓ

Quem vai passando, sinta
Nojo embora, ali para. Ao princípio era um só;
Depois dez, vinte, trinta
Mulheres e homens… tudo a contemplar o Jó.

Qual fixa boquiaberto;
Qual à distância vê; qual se aproxima altivo,
Para olhar mais de perto
Esse pântano humano, esse monturo vivo.

Grossa turba o rodeia…
E o que mais horroriza é vê-lo a mendigar,
E ninguém ter a ideia
De um só vintém às mãos roídas lhe atirar!

Não! Nem ver que a indigência
Em pasto o muda já de vermes; e lhe impera,
Na imunda florescência
Do corpo, a podridão em plena primavera;

Nem ver sobre ele, em bando,
Os moscardos cruéis de ríspidos ferrões,
Incômodos, cantando
A música feral das decomposições;

Nem ver que, entre os destroços
De seus membros, a Morte, em blasfêmias e pragas,
Descarnando-lhe os ossos,
Os dentes mostra a rir, pelas bocas das chagas;

Nem ver que só o escasso
Roto andrajo, onde a lepra horrível que lhe prui,
Mal se encobre, e o pedaço
De telha, com que a raspa, o mísero possui;

Nem do vento às rajadas
Ver-lhe os farrapos vis da roupa flutuante,
Voando – desfraldadas
Bandeiras da miséria imensa e triunfante!

Nem ver... Jó agoniza!
Embora; isso não é o que horroriza mais.
– O que mais horroriza
São a falsa piedade, os fementidos ais;

São os consolos fúteis
Da turba que o rodeia, e as palavras fingidas,
Mais baixas, mais inúteis
Do que a língua dos cães, lambendo-lhe as feridas;

Da turba que se, odienta,
Com a pata brutal do seu orgulho vão
Não nos magoa, inventa,
Para nos magoar, a sua compaixão!

Se há, entre a luz e a treva,
Um termo médio, e em tudo há um ponto mediano,
    É triste que não deva
Haver isso também no coração humano!

    Porque n'alma não há de
Um meio-termo haver dessa gente também,
    Entre a inveja e a piedade?
Pois tem piedade só, quando inveja não tem!

FLAUTA DO OUTONO
(Do *Livro de Jade*)

Pobre viajor! Embora, rica, ostente
Todo o seu ouro vivo a natureza,
    No campo e na montanha;
E não te fale em língua diferente
Da tua, a ave que escutas, com tristeza,
    Cantar em terra estranha;

Quando, à noitinha, a ríspida fanfarra
Do caçador atroa, e a sombra escura
Cresce, mais cresce a dor desse abandono...
E mais, quando, nos troncos sem verdura
Dos arvoredos nus, canta a cigarra,
    – Triste flauta do Outono...

Então é que a alma, num suspiro, deixas
Voar ao longe clima de outras terras...
    Ao pranto não resistes,
E, mal contendo as soluçadas queixas,
    Em vão, ansioso, cerras
Com as trêmulas mãos os olhos tristes.

O FILHO DE CLEÓPATRA

No dia em que, inditosa, a egípcia encantadora
De um funesto suicídio à vertigem se entrega,
Qual se de Marco Antônio o próprio filho fora,
Ao seio feminil um áspide aconchega...

Vinham-lhe então à mente os consumidos anos,
Em que a seus pés, da glória entre os troféus sublimes
Viu Capitães de Roma e asiáticos tiranos,
Famosos pela audácia e pelos torpes crimes;

Em que calcou do Oriente as c'roas sobranceiras
E a vassalagem vil da baixa plebe ignava;
E, à proa triunfal das grandes naus veleiras,
Toda a costa, do Egeu ao Ponto, perlustrava...

Via tapando o sol o vulto formidando,
Desconforme, brutal, do antigo monolito;
E o Nilo entre os parcéis de Koush cataratando,*
E, inda além, – fogo e areia – o deserto infinito...

---

*O Nilo... cataratando...
Creio que é um neologismo de Raimundo Correia o verbo *cataratar*, cair como catarata. Não me lembro de tê-lo visto em nenhum outro autor.

E as viçosas regiões da Capadócia, e a ardente
Tarso, onde o vencedor fizera-se vencido,
E às plantas lhe arrojara a espada reluzente,
À púrpura rasgada e o cetro bipartido.

E, erma, a zona maldita, onde do régio manto
As fímbrias arrastara, ufana; e onde, na altura
Do sólio, a refulgir, celebrizou-a tanto
Tanta barbaridade e tanta formosura.

E assim todo o passado a despertar na bruma
Da memória, no pó dos anos esquecidas,
Essas recordações erguia, uma por uma,
Qual de um roto colar as pérolas caídas...

E em nada via um trecho, uma sombra, uma calma,
Um riso, uma só flor da extinta primavera;
Nunca um sonho de amor amamentou sua alma,
Como a um tenro cordeiro o peito de uma fera.

Nunca da guerra o ardor refrigerou na clara
Fonte da paz, que flui, harmônica e serena:
Sempre do seio brônzeo e cruento abrigara
No latíbulo escuro os ódios de uma hiena...

Pela primeira vez, chora; esses pesadelos
E sangrentas visões remorso e dor lhe exaltam;
Das nascentes dos seus dois tristes olhos belos
Dois belos rios, triste e amargamente, saltam;

E um bem jamais sentido até então lhe veio
A alma inundar, pior que um árido deserto;
Mas o áspide mortal picou-lhe, ingrato, o seio
Pela primeira vez maternalmente aberto!...

A FILHA DO COVEIRO

Dessa criança o doce vulto aéreo,
Franzino e descorado encontro agora
Todo o dia a vagar no cemitério
Das catacumbas pela rua afora;

E enquanto aí, no salgueiral funéreo,
A estrige pia e o vento ulula e chora,
Nesse lugar procura a vida, embora
A morte o encha de assombro e de mistério...

E haurindo a fresca matinal, fagueira,
Recobra a extinta cor... Sorte maldita
A da flor, que, na tábida caveira,

Viceja, onde nasceu! Maldita a sorte
De quem, para ter vida, necessita
De ir a vida buscar na própria morte!

AESTUAT INFELIX

(Vítor Hugo)

Ao monte Atlas, um dia, as colinas falaram:
– Vê de que viva luz os sóis nos inundaram!
Vê com que alto cocar coroa-nos a selva!
Que tabuleiros, vê, esplêndidos de relva
Desenrolaram-se em flor, por nossa verde fralda,
Onde a fresca Estação dos beijos se engrinalda,
E onde vem gorjear seu cântico inspirado
A juventude, e rir depois de ter cantado!
E enquanto acima o céu nos redoira a paisagem,
Abaixo, pelo oceano indômito e selvagem,
Vemos só, dia e noite, os nossos pés lambidos...
E tu?! – o que te traz os membros oprimidos?!
Porque sobre essa fronte alpestre onde os abrolhos
Brotam só, pairam só águias de fulvos olhos,
Túrbidos monstros do ar?!... Que peso formidando
Te está a pétrea espádua e os ombros esmagando?!
Sobre ti, com que cega e atroz brutalidade
Sopra o Fado, convulso, a eterna tempestade,
Que o dorso a te espancar, em grandes paroxismos,
Nesses flancos de pedra abre tantos abismos?!
Que vulcânico ardor te funde a neve antiga,
Que escorre como um suor de suprema fadiga?!
Porque, enfim, te aniquila um cansaço profundo?!

Atlas lhes respondeu: – Porque eu carrego um mundo.

CARNAVAL

(J. Richepin)

Decerto, eu poderia
A essa mortal paixão
E atroz melancolia
Sobrepor um nariz de papelão;

E, rindo e cachinando,
– Excêntrico jogral –
Acompanhar o bando
De mascarados deste carnaval;

E as jovens damas belas
Seguindo, em sanha alvar,
O gordo braço delas
Escandalosamente beliscar;

Às multidões, nas ruas,
Declamar com vigor,
E com chacotas nuas
A gente séria atarantada pôr;

Pôr o mal, que se embebe
Nos próceres, o sol,
Oferecendo à plebe,
Com acrimônia, uns frascos de fenol;

Provocar a quem passa,
Só p'ra me divertir,
E aos lojistas, por graça,
Tabuletas trocar, vidros partir;

Sem medo, a honestidade
Afrontar; e em tropel
Pôr tudo, na cidade,
Levantando uma torre de Babel;

E, sem ousar tocar-me,
Indiferente e até
Timorato, um *gendarme*
Em cada esquina ver, quedo e de pé;

(Porque a polícia austera
Não se atreve a fazer
O que talvez fizera
Se eu fosse um fraco e inofensivo ser.)

Da burguesia os risos
Incitar sobre mim,
Ao tilintar dos guisos
Presos às minhas roupas de Arlequim;

Ser como um ébrio, um louco,
Um *clown*... Sinto, porém,
Que o meu soluço rouco,
Por entre as chufas, se distingue bem.

Minhas lágrimas rolam;
E as lágrimas, mulher,
O papelão descolam
Da máscara risonha, que eu trouxer.

O HORÓSCOPO

(M. Rollinat)

Agonizava o sol em síncopes... Eu ia
Triste, triste, evocando
Sobre o cancro, que rói minha alma doentia,
O horóscopo nefando.
Ia crescendo em torno a solidão, e espessas
As sombras se tornavam;
De uma população de espectros as cabeças
No escuro se agitavam.
Sibilava-me em roda aspérrima rajada
De enxofre sufocante...
E era uma estrada imensa a pavorosa estrada,
Que eu seguia, arquejante;
Bordavam-n'a espectrais rochedos, e, em fileiras,
As árvores se erguiam...
Notâmbulas legiões de cousas agoureiras
Nas trevas se moviam:
E eu, aflito e a pensar nessa fatal doença,
Que rói-me, ia convulso...*

**Que rói-me...*
  Outra vez o emprego do pronome posposto ao verbo, depois do relativo *que*.
V., no primeiro volume, transcrito como nota a LXX, "Beijo póstumo", o artigo de João Ribeiro "A Arte de emendar em Raimundo Correia".

Batiam-me febris na pirexia intensa
    As têmporas e o pulso;
Um gelado suor lavava-se copioso
    A fronte... De repente
Um fantasma surgiu medonho e pavoroso
    Na estrada, em minha frente,
E disse-me, com voz cava, funérea e dura:
    "O mal que hoje te afeta
É a mesma moléstia horrível e sem cura**
    De que eu morri, poeta!..."

**Observe-se o hiato: "É a mesma moléstia..."

A LUIZ DELFINO*

Abandonas, às vezes, a alta crista
Do pujante Himalaia, onde te entonas;
O estrondar do Niágara, e as verdes zonas,
Que, de tão verdes, fazem mal à vista;

Os amplos céus e os largos Amazonas
Selvas rasgando em triunfal conquista;
E, por Anacreonte, Ésquilo – artista –
Do ar baixando, onde pairas, abandonas...

E em vez dos grandes rios, buscas, poeta,
O arroio, em cujas plácidas e amenas
Balsas, soluça, à noite, o rouxinol;

Cujas margens setembro, em flor, marcheta;
E em cujas águas molha o cisne as penas,
E as corças vêm beber, ao pôr do sol...

---

* Publicação anterior: *A Vespa*, em abril de 1886, nº 14. *A Semana*, em 18 de abril de 1886.
Incluído na *Antologia dos Poetas Brasileiros da Fase Parnasiana*, de Manuel Bandeira.

O ENTERRADO VIVO

(M. Rollinat)

Imagina que, após longa noite de orgia,
Vens à casa buscar no sono algum conforto;
Dormes, mas de manhã, caindo em letargia,
   Todos te julgam morto!

Tua falsa mulher murmura: – "Felizmente!"
Palpa-te, acha-te frio; e, num desvelo ingrato,
Para a viagem, que vais fazer, te traz somente
   O teu mais velho fato.

Fica uma vela a arder de tua cama junto...
Saem todos do quarto; e a ti, amortalhado,
Deixam tão só, tão só, miserável defunto,
   Num canto abandonado!...

Tua criada é quem se mostra mais sentida,
Pois de rezar se dá ao menos ao trabalho;
Chega o armador; – propõe, tomando-te a medida,
   Um caixão de carvalho;

Mas o filho, com quem gastaste mais carinho,
Tudo com o armador por vinte soldos trata:
– "Para enterrá-lo, diz, basta um caixão de pinho,
   Madeira mais barata!"

Mas nem no pinho já te encaixam, mas em leve
Choupo, que, tenro e podre, ao peso, estala e entorta;
E "aluga-se esta casa" hão de escrever, em breve,
    De tua casa à porta!...

Levantam, balançando-a, essa oblonga bagagem;
E, como sobre um mar estranho que flutua,
Escada abaixo irás descendo... A eterna viagem
    Começa!... Eis-te na rua...

Curiosa multidão fervilha e ondeia fora,
Em, dentre ela, uns maraus gritarão, sem piedade:
– "Irmão! tapamos já os narizes; agora
    Apodrece à vontade!"

Sendo mal pago, o padre, um latim rude e perro
Gagueja sobre o véu mortuário, que te cobre...
E, tristonho, quem vir passar teu pobre enterro,
    Dirá: – "Que enterro pobre!..."

E, pesada, ao ranger da mola ferrugenta,
A sege, que te leva, há de rodar, tirada
Por maus cavalos, brusca, aos solavancos, lenta,
    Morosa pela estrada...

E assim vai, de tropel, ruas, praças cruzando,
Formidável!... E enfim, por um portal funéreo,
Como por uma boca enorme penetrando,
    Entra no cemitério!...

E em meio dessa imensa e horrorosa vertigem,
Dentre os que companhia ao túmulo te fazem,
Muitos dirão talvez: – "Estas cenas me afligem,
　　E nenhum lucro trazem!"

E agora a cova, como a goela de uma fera,
Mais treda que o futuro atroz, que te consome,
Às escâncaras, ei-la, alerta, à tua espera,
　　Pois vais matar-lhe a fome.

Do féretro, cada um, nas frias alças pega;
(Ninguém sabe que és, só, vítima dum ataque!)
E, logo, até o fundo... o féretro escorrega,
　　Com pavoroso baque!...

Asperso pelo hissope, à tua humilde tumba
Lançam a terra solta, em montes, junto à campa;
E cada pá de terra, a detonar, retumba*
　　Da tumba sobre a tampa...

Crava o coveiro, após, dois paus atravessados
À guisa de uma cruz, nesta cova mesquinha;
E, rindo, vai beber com três gatos-pingados
　　À tasca mais vizinha.

---

*Observem-se as onomatopeias destes dois versos:
"E cada pá de terra, a detonar, retumba
　　Da tumba sobre a campa..."

Mas, pouco a pouco, a vaga escura de teu sonho
Da realidade vem bater contra os escolhos;
E desperto, afinal, deste torpor medonho,
    Abres, que horror! os olhos...

Para as tábuas partir da estranha jaula, cobras
Muito embalde, um vigor imenso, extraordinário;
E os braços nem sequer desprenderás das dobras
    Do teu longo sudário!

De encontro à tampa, em vão, porás os pés e os ombros
Sem conseguir rachá-la; e tua alma, vencida,
Num círculo mortal de horrores e de assombros,
    Há de rolar sem vida!...

E esse incômodo odor da argila úmida e fria,**
Da madeira inda nova e das roupas que cinges,
Hão de, por fim, trazer-te aos pulmões a asfixia,**
    E a nevrose às meninges.

O humor que, gota a gota, o cimento esponjoso,
Como negra ampulheta, estila, entre os granitos
Caindo, formará, nesse antro tenebroso,
    Os ecos de teus gritos!...

    **Observe-se a construção gramatical destes três versos:
"E esse incômodo odor... hão de por fim trazer-te..."
Incluída na *Boêmia Galante*, de Martins Fontes.
O Mequetrefe, em 31 de dezembro de 1886.

E esses gritos de horror morrerão sem resposta.
E tu, hirto o cabelo, alucinado e inerme,
Crerás ver já, por fim, a carne decomposta,
    E em cada poro – um verme...

Tardia contrição terás nestes instantes;
Em vão: os infernais espectros do delírio
Vêm com dentes de ferro, agudos, lancinantes
    Dobrar o teu martírio!...

Nessa hora, entanto, os *teus* teu magro testamento
Chocam-se a discutir sem que em nada concordem:
E um velho tabelião, que chega em tal momento,
    Mais aumenta a desordem!

E tu restarás só, nas quinas comprimido
De uma caixa de pau, ao fundo de um buraco;
Sem hálito, sem voz, na mortalha cosido,
    Gélido, exangue e fraco.

Sentirás, afinal, a rigidez da morte
Pelos teus membros se ir, aos poucos estendendo...
Um suspiro a soltar, no angustioso transporte,
    Derradeiro e tremendo...

SOBRE AS "MANHÃS DO ESTIO"

À memória do poeta Jorge Rodrigues

Àquele, cujo espírito arroubado,
– Condor frechado por ignota seta –
Ala-se, à fria luz dormente e quieta
Das estrelas, ao ninho azul sonhado;

Tu, Musa de ar excêntrico e magoado,
Não lhe aparelhas, tu, Musa do poeta,
Um tálamo entre rosas; mas, discreta,
Entre goivos o túmulo ignorado...

Dessas manhãs, irônica e funesta,
Flores da juventude e da alegria
Tu semeaste, entre as risonhas galas;

Mas do vento, que, na harpa da floresta,
Guaia e soluça, antes do fim do dia,
Veio o primeiro sopro desfolhá-las...

MATER

(C. Mendes)

Deus, quando quis fazer o homem, não foi buscar
A argila de que o fez a um único lugar;
Para esse fim buscou o barro, que disperso
Havia, pelos quatro extremos do Universo:
Ao Sul, onde o braseiro ardente do areal
Ao Capricórnio fulge; a Leste, onde um sendal
De luz e rosas traja a Primavera, e abate,
Roto em flores, no solo, o esplêndido açafate;
Ao Norte, onde, afiando as navalhas glaciais,
Punge a invernada; e a Oeste, onde rugem brutais
Tufões, e a ribombar, rolam de frágua em frágua
Nuvens prenhes de fogo, e estoura a tromba de água...
E assim, ao Norte, a Leste, a Oeste e ao Sul, Deus quis
Buscar a argila, a fim de que em nenhum país
Do Globo, e em parte alguma o pó da sepultura
Não desconheça nunca ao triste, que o procura;
Nem pergunte jamais a terra, com desdém,
Ao cansado viajor, quem é, nem donde vem;
Mas, como a um filho, o aceite, e, maternal o acoite
No seio, onde o homem durma a "eterna boa noite".

INCOERÊNCIA

Quem faz o grilho em que a alma sinto presa
Ao mesmo tempo doce e amargurado,
Como um misto de júbilo e tristeza,
De lágrima e sorrir, de dor e agrado;

Quem mais estreita torna-me a estreiteza
Do cárcere em que vivo encarcerado;
É de que sou feliz esta certeza,
Esta certeza de que sou amado.

Amando, ergueste-me a alma, e tanto, que ela,
Junto à tua tão alto e tão por cima,
Estremece, a abranger tudo o que abrange:

Sou feliz, sou amado! e, entanto, ó bela!
Como este ser feliz me desanima!
Como este ser amado me constrange!

A PANTERA NEGRA
(Leconte de Lisle)

A Lúcio de Mendonça

Um luar rosicler surge, as nuvens tingindo
De que a Leste o horizonte inteiro se enche e entulha;
E a noite, o atro colar de pérolas partindo,
    Sobre o mar se debulha.

Rasgam-se de ouro e luz em cambiantes fitas
Os céus, que o matinal nevoeiro mal empana,
E o dilúculo sobre as águas infinitas
    Sangue e fogo espanada...

Dos bambus, dos letchis de frutos purpurinos
E de onde o calambuco incensa e a caneleira,
O rócio espirra ao sol em feixes cristalinos
    E em cintilante poeira...

Fresco barulho sai das árvores, das flores,
Das pedras... Rolam no ar fulvas ondas cheirosas,
Plenas de ecos joviais e enérgicos odores
    De essências volutuosas...

Por ermas trilhas, onde o ervado à luz do dia
Fuma espesso, e em torrente argentina, ressoa
A água-viva, que sob esplêndida arcaria
    Do junco indiano escoa...

ALELUIAS
*A meu amigo
Afonso Celso Júnior*

PAPÉIS VELHOS
(Um fragmento)

> Il y a encore plus de gens sans
> interêt, que sans envie.
>
> *(La Rochefoucald)*

Que importa a mim esse rancor profundo,
Que, nos gestos, no olhar, na voz, revelas?
O amarulento fel com que te engasgas?
E essas crispadas garras, se, com elas,
As próprias carnes ferozmente rasgas?

Se aleivoso murmuras, que me importa
O acervo de calúnias, que, iracundo,
    Engendras em teu seio;
Monstros vis, que essa boca imunda aborta?!
Bem podes tu odiar-me; eu não te odeio.

Que importa, em suma, ser por ti odiado?
Ou, que, a seguir tranquilo o meu caminho,
Te encontra sempre nele atravessado?
Eu sou feliz; teu coração mesquinho,
    A essa felicidade,
    Em vão, se mostra adverso!
Tu, vítima de atroz enfermidade,
Inda és mais insensato, que perverso,
E menos asco inspiras, que piedade!

Ruge, brame, urde intrigas, atraiçoa!
Conspurcas-me os lauréis? Roubas-me a estima
Dos bons? Nunca! Por mais, que o ódio te roa
A alma! Por mais, que a inveja a alma te oprima!

Enquanto essa alma vil rasteja, voa
Outra, inóxia e feliz, pairando acima;
E esta é que, desprezando, te perdoa!
E esta é que, perdoando, te lastima!

Tenho ao amor e à paz o peito aberto;
E o que me faz feliz (tu mesmo o sentes)
É bem pouco (teu próprio lábio o diz)!

Ah! Se tão pouco invejas é, decerto,
Não porque, com tão pouco, te contentes,
Mas, porque, com tão pouco, eu sou feliz!

VERBO LIBERTADOR
(Sobre a morte de José Bonifácio)

Ao Dr. Brazílio Machado

Possas em breve, ó Pátria, hoje chorosa,
Galas trajando e não pesado luto,
O grilhão rebentar, férreo e poluto,
Do cativeiro, impávida e radiosa;

Da liberdade a rota luminosa
Possas, com firme passo resoluto,
Livre seguir, livre, gozando o fruto
Dessa boca eloquente e generosa.

O que seu verbo semeou te baste;
Que, não em gleba estéril, a semente
Da liberdade, ó pátria, desparzia!

Reguem teus prantos hoje a débil haste
Do arbusto – árvore, em breve, alta e frondente –
À cuja sombra hás de abrigar-te um dia.

NO ANIVERSÁRIO DE UM POETA*

A Alberto de Oliveira

A lira de ouro, hoje, trenos
Vibra, ou cantos joviais?
Tantas ilusões de menos,
Por alguns anos de mais!

Talvez, como eu, neste dia,
Sobre o gélido limiar
Do alcáçar da Fantasia
Te vás, tristonho, assentar;

E desse alcáçar à porta
Carpir tua alma, hoje, vá
Tanta esperança já morta,
Tanto sonho morto já!

Talvez, nos olhos, não te há de
Cintilar, hoje, o prazer,
Mas um astro da Saudade
Em cada lágrima arder!

---

*Publicação anterior: *O Vassourense*, em 29 de abril de 1888. Traz ali o título de: "A Alberto de Oliveira (No dia dos seus anos)".

Talvez nos vaivéns da vida,
Como a águia no temporal,
Tu sintas a asa partida
Do teu altívolo ideal!

Talvez, íngreme Calvário
Subas, em silêncio e só,
As contas do teu rosário
De pranto a espalhar no pó;

Não possas, desses caminhos
Ermos, parar, através,
Para arrancar os espinhos,
Que te laceram os pés.

E a tudo a alma se conserve
Indiferente... Feroz,
O mundo esbraveja, ferve
E gira em torno de nós!

O mundo! Em cantos magoados,
O Nume inquires, talvez,
Que, a esta ilha de degredados,
Um dia, aportar nos fez!

O mundo! A Cólera louca;
O suarento corcel
Da Ambição; da Inveja a boca
Esverdinhada de fel...

Tu nada vês; nada eu ouço;
Fitamos só, da ilusão
O descarnado arcabouço,
Em muda contemplação!

E ruem, no vácuo e à míngua,
Nossos castelos de luz,
Como o froco, que uma língua
De fogo a cinzas reduz.

Mas não... Na dor não me imites!
Para ti (não para mim)
No horizonte sem limites
Palpitam mundos sem fim.

Se ilusões esta alma ardente
Perde agora, a perda é vã;
Da crisálida esplendente
Romperão mais amanhã.

Enche as palhetas celestes
Das tintas de ouro arrebol
E cose os rasgões das vestes
Com raios de ouro do sol.

Firme sempre, à Glória avança!
Que aí, quem forças perdeu,
Quem desanima, quem cansa,
Fica na estrada, como eu!

Como tu, rindo e cantando,
Outros vêm... Deixa-me aqui;
Deixa-me a sós; segue o bando,
Que alegre passa por ti!

Canta, poeta! Solta, ó musa,
Aos sonoros borbotões
De tanta luz circinfusa,
A asa das tuas canções!

Inda, o manto frouxo e leve
Tecendo de flores mil,
De alvos jasmins sob a neve
Sepulta os campos abril;

E, aos castos sorrisos de Hebe,
Inda um vinho forte à flor
Da taça te espuma: Bebe!
Bebe à Alegria e ao Amor!

Que altas paragens radiosas!
Que infindo azul o Porvir!
Coroa a fronte de rosas,
E a taça esgota, a sorrir!

DOLORES*

A Alfredo de Souza

Setembro, em vão, festivo aponta agora!
Ninguém sorri, porque Dolores chora;
Não mais luz de esperança uma centelha
No olhar dantes enxuto e jovial.
Do teu olhar, porém, na doce e linda
Transparência, Dolores, viva ainda,
Vê-se a paixão, como uma flor vermelha
Dentro de um fino vaso de cristal.

Não mais lembres, que tanta aleivosia
Só de entranhas de pedra partiria,
Quando o teu coração, *ele*, medonho,
Aos pés calcou, da Insânia no festim.
Frases trocadas na cruel doudice,
Ouvido, que as bebeu, boca, que as disse...
Tudo se foi, Dolores, como um sonho;
Como um sonho, passou... Desperta, enfim!

---

*Publicação anterior: *O Vassourense*, em 22 de abril de 1888.

Inda bem, que *ele,* pálida Dolores,
Inda bem, que *ele,* machucar-te as flores,
As pobres flores da infantil capela,
Não pode, infame, com grosseira mão,
Com supremo desdém, solene e triste,
Vibrando a língua, às faces lhe cuspiste
Os juramentos todos, que, com ela,
Proferira esse incauto coração!

Hoje não mais te afaga, de mansinho,
O gesto a asa invisível de um carinho,
Porque a perfídia ainda te magoa
E teu lábio se afez a condenar.
Ai, Dolores! teu lábio, hoje, sem pena,
Porque é preciso condenar, condena;
Mas o teu coração... esse, perdoa
Pois inda ao mesmo continua a amar.

FILOMELA*

Gorjeia flébeis amores,
Sobre o lago, a ave canora;
Sobre o lago chove a aurora,
De espessa ramada, flores...
Sobre o lago, a ave canora
Gorjeia flébeis amores.

As notas desse hino ardente
Voam, revoam, suaves;
Como um doudo bando de aves,
Vão-se pelo ar transparente...
Voam, revoam, suaves,
As notas desse hino ardente.

Rola em ondas a harmonia
Pelo outeiro, pela vargem...
Torrentes de ouro se espargem
No azul; o sol irradia.
Pelo outeiro, pela vargem
Rola em ondas a harmonia.

*Publicação anterior: O *Vassourense*, em 15 de agosto de 1888.

Só se escuta o passarinho.
Silêncio! É muda a folhagem;
Baixinho cicia a aragem,
A água sussurra baixinho...
Silêncio! É muda a folhagem,
Só se escuta o passarinho.

Dos países de onde veio
Chora o clima e as primaveras.
Quantas douradas quimeras
Palpitam no seu gorjeio!
Chora o clima e as primaveras
Dos países de onde veio.

O espaço em torno ressoa...
E enquanto, incauto, ele trina,
Voa uma ave de rapina...
Sobre ele um milhafre voa,
Enquanto, incauto, ele trina
E o espaço em torno ressoa...

A Inocência aos pés do Crime
Assim sorri descuidosa!
Sem pressentir a maldosa
Garra, que presto a comprime,
Assim sorri descuidosa
A Inocência aos pés do Crime!

Nemrod, a Inocência salva
E impede o Crime execrando!
Tu, que as selvas perlustrando
Vives, desde o romper d'alva,
Impede o Crime execrando,
Nemrod, e a Inocência salva!

EMISSÁRIO DOS DEUSES*

A casta irmã do Sol (porque não ache
Bem numerosa a comitiva bela
De suas ninfas) aumentá-la intenta;
E alto emissário, à Terra, faz que baixe,
Para, entre as filhas mais formosas dela
E mais castas, colher-lhe umas... noventa.

Pobre emissário! Está perdida a Terra!
Debalde, percorreu praças e ruas
   De cidades e aldeias
Muita mulher formosa o mundo encerra;
Castas, porém, ele encontrou só duas,
E essas duas... horrivelmente feias!

---

* Publicação anterior: *Correio do Povo*, em 12 de maio de 1890.

A ESTÁTUA DE JÚPITER

(La Fontaine)

"Mármor! – o artista dizia
Se te este cinzel lavrar,
Que te há de, ó mármor, à fria
E dura entranha arrancar?!

"O deus será, que, na altura
Estelífera, repousa,
Por ventura? Ou, por ventura,
Será outra qualquer cousa?

"Não! Será deus. Será! Quero,
Que seja um deus; que, na mão,
Astros tenha, e tenha fero
O aspeito, e fera a expressão!

"Quem, sobre nós, traz suspensos
Os sóis, o trovão, o raio,
Ei-lo! Homens, tremei! Incensos,
Ardei! É deus: adorai-o!"

Com raro gênio e alma rara,
Talha a pedra o artista... e, após,
Nada a Júpiter faltara,
Se lhe não faltasse a voz.

E ele mesmo, à majestosa
Catadura e ao torvo cenho
Do deus, pasmou da pasmosa
Produção do próprio engenho.

Assim, louco, assim, como esse
Alucinado escultor,
O homem criatura fez-se
Do deus de que é criador.

Certo, foi isso na infância
Do mundo; e, na infância, a gente
Dá valor, dá importância
A bonecrinhos somente.

O que sonhou, triunfante,
Cada um abraçando vai;
Pigmalião fez-se amante
Da Vênus de que era pai.

Ilusões! Quem nas não segue?!
Delas nasceu, na verdade,
O paganismo a que entregue
Se viu toda a antiguidade.

Toma quem quer por modelo
Ao que não inspira fé;
É – fogo, ante o falso; e – gelo,
Ante o que falso não é.

VÍTOR HUGO

É o informe Quasímodo – um portento
De hediondez, que inspira nojo e espanto;
É Thenardier – um vil chacal; enquanto
Han de Islande – um jaguar sanguissedento!

Só um deus, fibra, músculos e alento
Daria a monstros tais!... Pulsa, entretanto,
Nessa tiorba divina, em flébil canto,
O nervo ideal do humano sofrimento.

Também, entre assombrosas harmonias,
Rompem soluços; e, do roto cofre
De tua alma entre as raras pedrarias,

Fulge, transluz a lágrima – esse aljofre...
Ah! És um homem, sim! Um deus serias,
Se um deus sofresse; mas um deus não sofre!

HÓS! E AIS!*

Há um certo Demócrito que chora
Vendo-a, e há muito poeta que se enleia;
E um, cujo nome não me vem à ideia,
Vive a rondar a casa em que ela mora:

Até o santo Apóstolo anda fora
De si e do jornal, pela sereia:
Adorou-a o Fontoura, eu adorei-a,
E o Filinto de Almeida inda hoje a adora.

Quando ela passa, abre o Silvestre a boca
E o Lins suspira as formas dela vendo
Amplas, redondas, fartas, sensuais.

Hós de espanto e ais de dor ela provoca,
Mas entre os ais e os hós passa, fazendo
Tanto caso dos hós como dos ais.

---

*Foi publicado em O Vassourense, de 16 de setembro de 1888.
Trazia o título de "A Gazetinha". Não trazia assinatura.

A MORTE DE *COMÉDIA**

Morres porque não pagam-te (que espiga!)
Os que de riso tu morrer fizeste!...
Mas, olha, amiga: se a sorrir nasceste,
Morre a sorrir como nasceste, amiga!

Se ninguém na agonia te socorre,
Morre como Aretino: às gargalhadas!
Morre pândega, calma e alegre! Morre
Rindo, rindo a bandeiras despregadas!

Morre soltando uma risada imensa;
Entre a vida e o morrer, jornal jocundo,
Que não haja nenhuma diferença!

Desce rindo ao teu túmulo profundo!...
De menos um jornal que importa à Imprensa?
"Que haya un cadaver más que importa al mundo?"

---
* Este soneto foi publicado no número final de *Comédia*, em maio de 1881. Tornou a ser publicado no artigo – "Raimundo Correia. No 66° aniversário do seu nascimento", do Sr. Heitor Moniz (*Correio da Manhã*, em 13 de maio de 1926). Ali, porém, deixaram de ser reproduzidos o décimo primeiro e o décimo segundo versos, ficando assim o soneto transformado em uma poesia de três estrofes. É com essa forma amputada, recolhida do artigo do Sr. Heitor Moniz, que este trabalho está reproduzido no livro do Cônego Bueno de Sequeira: *Raimundo Correia. Sua Vida e sua Obra,* de 1942.

ÁGUA E VINHO*

(Imit. de Lessing)

A água tomba, destrói, derriba e arrasa
Uma cidade inteira, casa a casa,
   Torres, paredes, muros...
Entre horríveis destroços faz caminho
E nada há que os seus ímpetos suporte...
Que ela é bem menos forte do que o vinho.
Vós contudo o dizeis... Mas por que, então,
Vos espantais, se o vinho, que é mais forte,
Deita um fraco mortal como eu no chão?

---

*Publicado em *A Estação*, em 15 de março de 1892.

ASSIS BRASIL

Este é o filho da terra de Pelotas,
Dos bons "churrascos" e da "chimarrita",
Por isso é que nos Papas mete as botas
E contra os reis e imperadores grita.

Contra as "coroas" todo o mundo incita,
Desvendando-lhes manhas e patotas.
E a "Federal República" é escrita
Contra as reais farsadas idiotas.

Ó poeta dos férvidos "Libelos"!
Eriçam-se-me as carnes e os cabelos,
Lendo-te; e vejo a imperial escória,

Que o canhão democrático esbarata;
Vacila o trono sobre a terra ingrata,
Rola a tiara no areal da História.

OS MESES

(F. Coppée)

1 – JANEIRO

Acaso, pensas, amada,
– Unida ao claro fogão,
Por sob a porta fechada
Geme o hibernal furacão; –

Que após o outono piedoso,
Os pássaros, povo exul,
Por um dia tormentoso
Voaram todos ao Sul?

Que suas asas nevadas
Fatigou tanto viajar,
E sobre as longas estradas
Esteve a nevar, a nevar?...

E, mudos, tristes, transidos,
Perderam-se nas solidões?
Que passeávamos unidos
À voz das suas canções?

Ei! Sob os gelos perecem!
Trêmulo bando infeliz!
Pensas neles? Emudecem
Seus cantos primaveris!

Falas-me em horas suaves,
Das aves de abril em flor...
Mas outras serão as aves,
E esperará teu amor?...

      Valentim Magalhães

2 – FEVEREIRO

Ai! dizes, cobrem os gelos
Árvores, águas, caminhos,
Se o bom Deus não protegê-los,
Morrerão os passarinhos.

Tranquiliza-te; as queridas
Aves não correm perigo,
Nas raízes carcomidas
Têm seguro e quente abrigo.

E aconchegadas, medrosas,
No seu fundo asilo obscuro,
Como nós, esperançosas,
Aguardam o abril futuro.

E em vão os ventos praguejam
Frios, nos troncos sem flores,
Em voz baixa, murmurejam
Elas seus cantos de amores.

Assim, criança, meu seio
Antes de ver-te, tranquilo,
Era triste como um feio,
Como um sepulcral asilo.

Mas se aquecem-no, raiando
Teus olhos, duas auroras,
Rompem do túmulo em bando
Canções límpidas, sonoras.

3 - MARÇO

Às vezes, cruel amante,
Zangada encostar-te vais
À janela, não obstante
As chuvas torrenciais;

Varre de março os granizos
O sol, que irrompe depois…
Depois do arrufo, os sorrisos
Nos ligam, de novo, os dois.

Asilo as aves na telha
Acham, da chuva a fugir;
Tal, nessa boca vermelha,
Os risos que tens de rir.

Ao calor dos meus carinhos
Volves-me os olhos azuis,
E alegres os passarinhos
Batem as asas na luz.

4 – ABRIL

Só quem não ama não sente
Da primavera a emoção,
Assistindo indiferente
Das aves à imigração;

E vendo o bando ligeiro,
Que no céu da tarde avança,
Não vê nele o mensageiro
Da mais ligeira esperança.

Assim meus dias corriam;
De outros céus a regressar,
As andorinhas me viam
Na primavera a chorar.

*POESIAS**

---

*Este livro de Raimundo Correia (1898) compõe-se, em sua maior parte, de composições de *Sinfonias, Versos e Versões* e *Aleluias*. Nele, porém, o poeta incluiu "O Juramento", "A Ave-Maria", "Plenilúnio", "Os Ciganos" (que é uma paráfrase do poema "Die Drei Zigeuner", de Nikolaus Lenau, que nosso lírico deve ter lido em alguma tradução francesa), "Três Estâncias" e "Nada...", ainda inéditos em volume (Lêdo Ivo).

O JURAMENTO

Cavaleiro, o juramento
São frases soltas ao vento…
Ai de quem der cumprimento
A tudo o que assim jurar!
    – Mas como há de ao juramento
    Um cavaleiro faltar?!

Jura, então, que do ciúme
Jamais virá o azedume,
O amor, que mal se resume
Em beijos, afelear.
    – Ai de mim, que o meu ciúme
    Eu não o posso domar!

Jura mais, que hás de ao primeiro
Que suspeite de ligeiro
Meu coração, cavaleiro
A tua lira atirar.
    – Ai de mim! Fui o primeiro
    Que disso ousou suspeitar!

Jura enfim, que hás de, essa espada
Vibrando, a mulher amada
Por tal suspeita afrontada,
Com sangue desafrontar.
 – Ai de mim, que hei de esta espada
 Contra mim mesmo voltar!

A AVE-MARIA

Ave-Maria! Enquanto nas campinas
As "boas-noites" abrem, misteriosas
Bocas exalam no ar frases divinas,
Como suave emanação as rosas…

Ó noivas do infortúnio lacrimosas,
Crianças loiras, mórbidas meninas,
Órfãs de lar e beijos, que, piedosas,
Ergueis ao céu as magras mãos franzinas!

Quando rezais, às horas do sol-posto,
A *Ave-Maria* assim, no azul parece
Sorrir-se a Virgem-Mãe aos desvalidos;

Nossa Senhora inclina um pouco o rosto
Para escutar melhor tão meiga prece,
Hino tão doce e grato aos seus ouvidos.

PLENILÚNIO

Além nos ares, tremulamente,
Que visão branca das nuvens sai!
Luz entre as franças, fria e silente;
Assim nos ares, tremulamente,
Balão aceso subindo vai...

Há tantos olhos nela arroubados,
No magnetismo do seu fulgor!
Lua dos tristes e enamorados,
Golfão de cismas fascinador!

Astro dos loucos, sol da demência,
Vaga, notâmbula aparição!
Quantos, bebendo-te a refulgência,
Quantos por isso, sol de demência,
Lua dos loucos, loucos estão!

Quantos à noite, de alva sereia
O falaz canto na febre a ouvir,
No argênteo fluxo da lua cheia,
Alucinados se deixam ir...

Também outrora, num mar de lua,
Voguei na esteira de um louco ideal;
Exposta aos euros a fronte nua,
Dei-me ao relento, num mar de lua,
Banhos de luz que fazem mal.

Ah! quantas vezes, absorto nela,
Por horas mortas postar-me vim
Cogitabundo, triste, à janela,
Tardas vigílias passando assim!

E assim, fitando-a noites inteiras,
Seu disco argênteo n'alma imprimi;
Olhos pisados, fundas olheiras,
Passei fitando-a noites inteiras,
Fitei-a tanto, que enlouqueci!

Tantos serenos tão doentios,
Friagens tantas padeci eu;
Chuva de raios de prata frios
A fronte em brasa me arrefeceu!

Lunárias flores, ao feral lume,
– Caçoilas de ópio, de embriaguez –
Evaporavam letal perfume…
E os lençóis d'água, do feral lume
Se amortalhavam na lividez…

Fúlgida névoa vem-me ofuscante
De um pesadelo de luz encher,
E a tudo em roda, desde esse instante,
Da cor da lua começo a ver.

E erguem por vias enluaradas
Minhas sandálias chispas a flux...
Há pó de estrelas pelas estradas...
E por estradas enluaradas
Eu sigo às tontas, cego de luz...

Um luar amplo me inunda, e eu ando
Em visionária luz a nadar,
Por toda a parte, louco arrastando
O largo manto do meu luar...

TRÊS ESTÂNCIAS

I

Interrogaste o lírio imaculado,
Na leda estância, na vernal sazão;
Interrogaste o lírio imaculado
E respondeu-te o infante, loiro irmão
Dos querubis, no limiar sentado
Da existência, a sorrir – lírio em botão.

II

Interrogaste a flor da laranjeira,
Entre corimbos, na sazão do amor;
Interrogaste a flor da laranjeira,
E respondeu-te a virgem, sob o alvor
Da gaze, "eu amo", a segredar fagueira,
Noiva, a cingir da laranjeira a flor.

III

Hoje, interrogas o cipreste esguio,
Hoje, que em torno tudo é morto já;
Hoje interrogas o cipreste esguio,
Que, junto às campas, de atalaia está:
As derradeiras folhas tombam, frio
Soluça o vento…
                Quem responderá?!

O FABORDÃO*

Na sisudez de Don'Ana
Só o esposo se não fia:
Com ciosa mão tirana
A imbele dama oprimia.

Retida em casa, Don'Ana,
Qual num cárcere, vivia;
E aí, cerrada a ventana,
Da rua ninguém n'a via.

Certo, inocente, Don'Ana
Tais tratos não merecia,
O esposo... Ela o não engana:
E ele por que desconfia?

Deste a suspeita vesana
No ciúme se acendia;
Mas dos olhos de Don'Ana
Ciúmes quem não teria?

---

* Incluído na terceira edição das *Poesias* publicada em Lisboa em 1910. Com esse título, João Ribeiro batizou um de seus livros, *O Fabordão* (Lêdo Ivo).

Felizmente p'ra Don'Ana
Como tudo cessa um dia,
Ele, alfim, se desengana
E a confiar principia.

Principia ele em Don'Ana
A confiar: principia
A espairecer a leviana
Celimene à luz do dia...

Em novos ares Don'Ana
Solta o voo à fantasia;
Nos bailes reina e se ufana
Dos chichisbéus que extasia.

Aos seus feitiços Don'Ana,
Como cúmplices, alia
O leque com que se abana,
A flor com que se atavia...

Gira, doideja Don'Ana
Incauta assim... Todavia,
A maledicência humana
Por trás da rótula espia...

A maledicência humana
Observa, espreita, vigia,
Segue os giros de Don'Ana
E descobre o que queria.

Qual mariposa, Don'Ana
Cai na teia, que lhe urdia
A caranguejeira humana
Com visguenta hipocrisia.

E a boquejar em Don'Ana,
Ninguém despertar temia
Do Otelo a cólera insana…
Que horror, se ele o sabe um dia!

Em vez da cólera insana,
O contrário… Quem diria?
(Felizmente p'ra Don'Ana!)
O contrário sucedia.

Em alta voz, da leviana
Já muito mal se dizia:
Só o esposo de Don'Ana
Era surdo, ou nada ouvia!

Toda a gente, da leviana
Os amores conhecia:
Só o esposo de Don'Ana
Era cego, ou nada via!

Só o esposo de Don'Ana
Nada via, nada ouvia,
Cego e surdo; e bem se engana
Quem pensar que ele fingia.

Suspeitara de Don'Ana,
Quando ela bem procedia;
E agora, sim, que ela o engana
Agora é que ele confia.

     ***

Nada! Esta só palavra em si resume tudo:
Ciência difusa em mil papiros e alfarrábios;
Obras de que é a traça o bibliognosta mudo,
E onde se expande à larga a estupidez dos sábios…

Tentam estes domar o pensamento e os raios,
Dar um roteiro aos sóis na esfera ilimitada…
Basta! Tudo isso jaz em livros mil… Queimai-os!
Que resta após?
    Papel queimado…
        Cinzas…
           Nada!

POESIAS AVULSAS

O AMOR*

O amor – abstruso fenômeno!
Em vão disserta um doutor
Com ênfase e categórico,
Tentando explicar o amor.

Leva a mão à testa, abóbada
Da sabença interior:
Esfalfa-se, perde os óculos
Cai-lhe em bagas o suor;

Não no entendem os discípulos
E as discípulas, pior;
Bocejam de tédio ou riem-se
Cochichando em derredor...

E eu, simples pastor que, rústico,
Só sei cantigas de cor,
Na pobre avena, eu, sem dúvida
Me faço entender melhor.

---

*Esta poesia encontra-se no *Almanaque Garnier*, de 1914, e traz ali a indicação de ter sido "publicada por um dos nossos folhetinistas".

PECADO ORIGINAL*

Oh! árvore da ciência!
Dizem que o traje antigo da inocência
Rasgou-o um beijo...
 Os deuses o vedaram
Ao homem primitivo?
 Não, decerto!
Foram eles, os deuses, que inventaram
O beijo, porventura?

Ele me pôs o paraíso aberto:
Nele bebi toda a sabedoria,
Toda a ciência defesa à criatura,
E tanto quanto os deuses, desde o dia
Em que o beijo senti, me sinto sábio!...

---

* Esta poesia foi publicada em *Novidades*, em 27 de julho de 1888; reproduzida em *O Vassourense* no mesmo mês e ano. Tornou a aparecer em *Autores e Livros* (vol. IV, p. 282).

      O teu fruto interdito,
Oh! árvore da ciência e dos amores
Caiu-te, quando me caiu do lábio
O beijo...

      O beijo era o interdito fruto?!
      Mas nem por isso escuto
O alto clamor dos deuses no infinito
Nem por isso coléricos os vejo
      Raivando vingadores
Contra o pecado de um primeiro beijo.

BEIJO E MILAGRE*

Cura às vezes um beijo a cegueira incurável:
– A certa santa um cego a esquálida sacola
Erma e rota mostrou, e esmola lhe pediu;
    A santa, em vez de esmola,
Deu nos olhos do cego um beijo; e o miserável,
    Abrindo os olhos, viu!...

    Se o cego viu, nada eu vejo...
Afirmem outros que esse fato é crível,
Que um beijo cura milagrosamente
    E que é colírio infalível...
    Afirmem-no outros, eu nego;
    Que eu tinha vista excelente
    Mas depois de certo beijo
        Fiquei cego.

---

*Coloquei título nesta poesia, que não o tinha na *Estação*, em 15 de setembro de 1891, de onde a recolhi.

AS VIRTUDES TEOLOGAIS*

A Lavínia, Stela e Alexandrina

Minhas três filhas, vós sois
Três virtudes teologais:
Lavínia – alça a cruz brilhante
Da *Fé* entre os temporais.

Stela – no mar da vida
Não perde a estrela polar,
Nem lhe falta a forte âncora
Da *Esperança* neste mar.

Alexandrina aos que choram
E' riso, bálsamo e luz;
E' a doce *Caridade*
Mais querida de Jesus.

---

* Publicada em *Autores e Livros*, primeiro volume, p. 77.
Lavínia, Stela e Alexandrina são os nomes das três filhas de Raimundo Correia.

PÉROLAS...*
(No álbum de d. Amelia Mariano de Oliveira)

Não nascem no rio as pérolas;
– A água do rio é tão doce,
Que, para as poder gerar,
Mister seria que a pérola
Uma lágrima não fosse
E esta expressão de um pesar.

Vem do oceano amargo a pérola;
– Na água do rio há doçuras,
Amarguras na do mar.
Sinceras lágrimas – pérolas
Verdadeiras – que amarguras
Preciso é para as chorar!

---

*Amelia de Oliveira é uma das irmãs de Alberto de Oliveira, poetisa, como todos os seus numerosos irmãos. D. Amelia foi noiva de Olavo Bilac. (Veja Múcio Leão: "Uma família de Poetas". In: *Autores e Livros,* volume segundo, p. 120). Veja, também, Elói Pontes, *A vida exuberante de Olavo Bilac.*

LEMBRANÇA DE PETRÓPOLIS*

É a cidade amena e deliciosa;
É a verde Petrópolis em flor,
É Petrópolis, sim, onde, saudosa,
Cada palmeira uma lembrança exala
De Teresa e do velho Imperador;
É Petrópolis bela, que assim fala
Num claro dia da estação calmosa,
Pela boca de amargo trovador;

– "Vem nos ares salubres da montanha
Lavar-te, ó musa cortesã, jovial!
Como o lírio, que o seio aqui descerra
À fresquidão ambiente, a alma se banha
No higiênico fluido matinal...
Vem! Galga de Petrópolis a serra,
E dos teus borzeguins, no Piabanha,
Sacode o pó da infecta capital!

---

*Esta poesia foi oferecida à Academia Brasileira de Letras por Alberto de Oliveira, em 1929, e publicada pela revista da instituição, em seu número 173, em maio de 1936. Tornou a ser publicada em *Autores e Livros* (volume primeiro, p. 156).

"Bem que prefiras cerimônias tredas
Ao gesto simples da serrana alvar,
Despe o teu corpo de pesadas sedas
E, vestida de pétalas, a gosto,
Vem meu hálito puro respirar;
Vem percorrer-me as largas alamedas
De magnólias, sentindo contra o rosto
      Golfadas de bom ar...

"Aqui verás, em breve, como odeias
A capital, com asco e indignação.
Ela é um monstro hediondo em cujas veias
– Canos de esgoto – em vez de sangue, pulsa
      A vasa e a corrupção!
Em mil betesgas de imundície cheias;
Todas as fezes, que o Europeu repulsa,
Lá, em monturos, fermentando estão!

"Teu ódio, contra os próprios moradores
Da estrumeira dos povos, bramirá.
Políticos sorvados pela orgia
Agiotas, barões, comendadores
(Repúblicas embora); tantos há
Que, fugindo ao verão e aos seus queimores,
O que ganham por lá durante o dia,
Durante a noite vêm gastar por cá.

"Musa, enxota-os de mim, raivosa e bela,
Que os não veja eu, de novo em meus umbrais.
Deixa-os ferver na vil Gomorra: – é nela
Que das outras nações a turva escória
Ferve, como em caldeiras infernais!
A febre do ouro, ou antes a "amarela",
Em que arde a capital queime-a, devore-a!
E não pensemos em tal coisa mais!

HOMEM*

(Sobre o 18 de junho de 1815)

Homem, na liça do Waterloo, cruento,
Por mil bocas de fogo a morte exalas,
Rebentam bombas e sibilam balas,
Cobrem nuvens de fumo o firmamento...

E enquanto a vida, num deslumbramento
De luz, irrompe em rios de ouro e opalas,
Homem, na liça do Waterloo, cruento,
Por mil bocas de fogo a morte exalas.

Junho, por entre o feno e as rosas, lento,
Suave escoa... Esplende o azul em galas,
Mas tu sobre esse azul, para obumbrá-las,
Corres um largo véu sanguinolento,
Homem, na liça do Waterloo cruento!

---

* Esta poesia, encontramo-la em um artigo de João Ribeiro, "Versos de Raimundo", publicado no *Jornal do Brasil*, de 14 de novembro de 1928. Nesse artigo dizia João Ribeiro ter-lhe sido comunicada a poesia por *um amigo das letras*, o sr. Alberto F. Rodrigues, o qual a havia recolhido do *Almanaque Popular Brasileiro*, de Pelotas.

A TERRA E A NUVEM*

(A Osório Duque-Estrada)

– "Que és tu, ó Nuvem, (perguntou a Terra)
Que assim te vais por esse azul distante,
Clara e esplêndida, ou torva e negrejante,
Roçando o cimo da mais alta serra?!"

E a Nuvem perguntou-lhe: – "O que se encerra
Em tua funda entranha palpitante,
Tu, cujo aspecto de hórrido gigante
Feio e descomunal, me assombra e aterra?"

Disse a Terra:– "Por toda a eternidade
O túmulo serei da Humanidade,
Que se abisma, fatal, nos antros meus".

E disse a Nuvem: – "Na amplidão sidérea,
Eu colho as almas soltas da matéria
E, em meu regaço, levo-as para Deus".

---

* Este soneto foi publicado em *O Vassourense,* em 1° de julho de 1888. Alberto de Oliveira recitou-o na Academia Brasileira, em 13 de maio de 1926. Foi de novo publicado em *Vida Doméstica,* em julho de 1926.

O CRÂNIO*

Mostra um sábio da Prússia a analogia reta,
Que há na reprodução e modo de existência,
Entre essa secreção do crânio – a inteligência,
E o biliário licor, que os fígados afeta.

Se a grandeza daquela é na razão direta
Do encéfalo do peso e da fosforescência,
E, portanto, seguindo as deduções da ciência,
Ela é por esta lei, menos ou mais completa;

É lógica, segura e certa a dedução
Seguinte: sem falar do tigre, do leão
E outras feras, p'ra ser mais claro e consequente,

Se no peso é maior, que o crânio de Cuvier,
O de um burro, eu direi, por conseguinte, que
Dos animais o burro, é o mais inteligente.

---

* Publicado em *Gazetinha*, em 24 de janeiro de 1881. Trazia as iniciais R. C. como assinatura.

DIA DE NATAL*

(Aos anos do meu amigo)

Raul de Roquemaure

Nascer neste belo dia,
Amigo, bem bom seria,
Se a gente guardasse o doce
Ar, que na infância transluz,
E sempre menino fosse
Como o menino Jesus.
Este é – Deus, e nós – humanos,
Que uma sorte má condena
A crescer e a ficar velho.
Vida assim não vale a pena,
Confessa que não é boa.
Por isso dou-te um conselho:
– Não nasças! Porque nascer?
Mas já nasceste... Perdoa!
Agora é só fazer anos,
Que nada há mais que fazer.

---

* Esta poesia foi lida por Afonso Celso, em sessão pública da Academia Brasileira de Letras realizada em 14 de maio de 1926, em homenagem a Raimundo Correia. Foi publicada na *Revista da Academia Brasileira de Letras* nº 67, em julho de 1927.

SAMBA*

A Gaspar da Silva

I

A musa paulista acede
Ao reclamo do Fontoura[1]
Fontoura versos lhe pede,
E a musa paulista acede.
Descanta a boêmia, vede!
Vede a balbúrdia que estoura!
A musa paulista acede
Ao reclamo do Fontoura!

II

Não tem regente esta orquestra!
Não há Mesquita[2] em pagodes!
Fora com a musa maestra!
Não tem regente esta orquestra!
Qualquer das musas é destra
Em ditirambos e em odes!
Não tem regente esta orquestra!
Não há Mesquita em pagodes!

---

* Publicada na *Gazeta da Tarde*, em 15 de julho de 1881.
1. Fontoura Xavier; 2. Júlio de Mesquita.

III

O Gaspar[3] que se apresenta
Não vejo quem não saúde!
O Parnaso cumprimenta
O Gaspar que se apresenta;
Urrah! o fandango rebenta!
Vibra o Fabrino[4] o alaúde!
O Gaspar que se apresenta
Não vejo quem não saúde!

IV

Não vejo quem se escapula
Do samba do triolet;
Se o Dias[5] entra na chula
Não vejo quem se escapula!
Como uma bomba, este pula
Nos versos em *trio*, olé!
Não vejo quem se escapula
Do samba do triolet;

V

Na trompa do verso bufa
O Fontoura, e não se esbofa...
O tambor da rima rufa,
Na trompa do verso bufa.
Acera o dente da chufa,
E ri-se com rir de mofa.
Na trompa do verso bufa
O Fontoura, e não se esbofa.

---
3. Gaspar da Silva; 4. Randolfo Fabrino; 5. Teófilo Dias.

VI

Da musa da gargalhada
A pilhéria salte e jorre!
Traz, Valentim[6], tua amada,
A musa da gargalhada.
Por que é que a bela estouvada
E estróina à festa não corre?
Da musa da gargalhada
A pilhéria salte e jorre!

VII

Esmurre o Lima[7] o zabumba!
O Assis esflore a marimba!
Da tristeza abre-se a tumba!
Esmurre o Lima o zabumba!
Que assim berre o Lima: *bumba*!
Que o Assis[8] assim berre: *bimba*!
Esmurre o Lima o zabumba!
O Assis esflore a marimba!

VIII

Eia! saltem todos! eia!
Aos cracs da castanhola!
Voe e revoe a coreia!
Eia! saltem todos! eia;
Eia! Murat[9] sapateia
E rodopia e rebola!
Eia! saltem todos! eia!
Aos cracs da castanhola!

---

6. Valentim Magalhães; 7. Augusto de Lima; 8. Assis Brasil; 9. Luiz Murat.

IX

No fandango e na desordem
Rasgue-se em febre o *can-can*!
Do gozo as copas transbordem
No fandango e na desordem!
E que essas danças recordem
As danças priscas de Pan!
No fandango e na desordem
Rasgue-se em febre o *can-can*!

X

Entra, Gaspar, na algazarra!
Triolets o Pindo espirra!
No bombo a baqueta esbarra!
Entra, Gaspar, na algazarra!
Pulem aos sons da fanfarra
Todos os pândegos! irra!
Entra, Gaspar, na algazarra!
Triolets o Pindo espirra!

*MAIS POESIAS AVULSAS**

---
* Recolhidas por Valdir Ribeiro do Val, autor de *Raimundo Correia Estudante*, estas composições estão sendo divulgadas pela primeira vez em volume (Lêdo Ivo).

EM VOZ BAIXA...*

– Anarda hoje é sisuda e reservada!
Esta é Anarda? Como a gente muda!
Anarda é esta? Como está mudada! –

– Com ver Anarda assim ninguém se iluda;
Pensas que ela mudou? Não mudou nada;
Nunca foi reservada, nem sisuda.

Fosse um doutor, um conde, algum banqueiro...
Porém que ao teu amor um *farda* a roube
(E que *farda*!) é bem pouco lisonjeiro;

Mas coube ao *farda* um *sim*; e um *não* te coube,
Do que ela encheu o ouvido ao mundo inteiro,
Que ela guardar segredo nunca soube.

E esqueces, malogrado pretendente,
Que esta é a mesma, sim, que esta é aquela
Que a ti se fez roubar tão torpemente?

---

* Publicado em *O Pão*, nº 25, ano II, Fortaleza, em 1º de outubro de 1895.

Bem fizeste em fazeres-te de vela,
Porque cá, digo-te eu, riu toda a gente
De ti, do mau sucesso teu, não dela –

– Que houve após?
                      – Cousa *séria*, que se ignora…
– Séria?
    – Sim; entre os dois… Mas deu-lhe, ao *farda*,
Na revolta meter-se, e foi-se embora…

    Morreu por lá talvez…
                        – Bom para Anarda;
Vai saber dela, o que houve, tu agora…
– Este segredo, ao menos, ela guarda.

TERES E HAVERES*

A Adelino Fontoura

Original boêmio! Em tua casa
Pelo cantar de um galo és acordado;
Pois um relógio tens, que nem se atrasa
Nem se adianta, porque está quebrado;

Ao teu vetusto leito até consagro
Certo respeito... e tens um *Rocinante*
Magro e veloz, mas tão veloz e magro
Que uma tísica lembra e galopante.

Toda esta extravagância nisto finda:
Se tens dois pés e tem dois pés teu galo,
Ele é bípede e bípede tu és.

Mas além disso em tua casa ainda
Dois quadrúpedes há: o teu cavalo,
E a cama que também tem quatro pés.

---

* Publicado na *Gazetinha*, nº 144, Rio de Janeiro, em 28 de junho de 1882. Reproduzido em *O Domingo*, nº 18, Ano I, São João del Rei, em 17 de janeiro de 1886, com o título: "Na Boêmia".

TEU CORAÇÃO SOFREU A BAVA IMUNDA*

Teu coração sofreu a bava imunda
Da calúnia, o perjúrio, a ingratidão;
Tudo sofreu; sofreu a dor mais funda.
Que mais pode doer num coração!

Teu coração desfez-se em mágoa e pranto...
Como a acácia das neves ao rigor,
Vês, no ramo precoce, o último canto
Morrer, murchar a derradeira flor...

Teu coração... Minha alma dolorida,
Tarde o encontrou, na eterna viuvez;
Tarde! após tanta lágrima vertida.
Seco e mirrado estava já talvez!

Teu coração... Eu também sofro; e, agora
Bater-lhe à porta, inda que tarde, eu vim;
Uma lágrima nele, última embora,
Resta, mulher, que hás de verter por mim.

---

* Publicado na *Folha Azul*, nº 4, ano I, Rio de Janeiro, em 22 de janeiro de 1893.

VISÕES RÓSEAS*

Botões e cálices de rosas,
Morangos, musgos vegetais...
Lembrais-me as formas ideais
Da mais formosa das formosas;

Tranças e carnes deliciosas,
Lábios... Vós tudo me lembrais
Botões e cálices de rosas,
Morangos, musgos vegetais.

As pomas dela, graciosas
E dela os lábios pelos quais
Sucumbo a desfazer-me em ais...
Tudo lembrais, flores viçosas,
Botões e cálices de rosas.

---

* Publicado no *Sexto Distrito*, nº 148, ano I, Campos, em 30 de maio de 1883.

BIOBIBLIOGRAFIA

A 13 de maio de 1859 nasce, a bordo do navio brasileiro São Luís, ancorado na baía de Mangunça, Município de Cururupu, nas costas da Província do Maranhão, o poeta de "As Pombas", "Mal Secreto" e "Plenilúnio". É ele Raimundo de Mota de Azevedo Correia, filho do Desembargador José da Mota de Azevedo Correia e de Maria Clara Vieira da Mota, ambos maranhenses. Como aluno do Imperial Colégio Pedro II, onde ingressa em 1872 e termina os preparatórios em 1876, sabe-se, por carta enviada a João do Rio, que nessa época o adolescente Raimundo já fazia versos. Por sua própria opinião, "não passava de uma brincadeira, de um meio cômodo e inofensivo de gracejar com os camaradas da mesma idade". Já nessa época seus autores prediletos eram Padre Manuel Bernardes (prosa) e Bocage (poesia). Com dezenove anos incompletos, acompanhado de Silva Jardim, chega a São Paulo para matricular-se na Faculdade de Direito. Seu retrato se traça como de "estatura mediana, magro, rosto moreno-claro, pálido, de maçãs salientes, cabelos e bigodes pretos, olhos pretos, pequenos, vivíssimos e firmes; acanhado de maneiras, retraído, mal sustentador de conversa, irrequieto quando os companheiros conversavam, mas às vezes tomando a palavra e falando muito; nervosíssimo, medroso de tempestades, de doenças, detestando pegar em dinheiro".

Em 1879, Raimundo Correia estreia na literatura com *Primeiros Sonhos*, de feição predominantemente romântica, mas já se entremostrando o futuro parnasiano. Dois anos após, passa a colaborar nos jornais *A Comédia*, e em outros jornais de curta vida como *O Entr'Ato* e *O Boêmio*. Colabora, ainda, em jornais do Rio como *A Gazetinha* e *Gazeta da Tarde*. Aí se patenteia seu espírito humorístico e se registram algumas sátiras violentas. Bacharela-se em Ciências Jurídicas e Sociais em 1882 e no ano seguinte publica *Sinfonias*, que merece caloroso acolhimento da crítica. Ainda nesse ano é nomeado Promotor de Justiça em São João da Barra, na província do Rio de Janeiro. Em 1884 é nomeado juiz municipal da comarca de Vassouras, na mesma província. Ocupando um cargo importante, casa-se aos 21 de dezembro de 1884, na Fazenda Aurora, em São Vicente Ferrer, município de Resende, com Mariana de Abreu Sodré (Dona Zinha). Em Vassouras, colabora em *O Vassourense*, que se editava sob a direção de Lucindo Filho, homem erudito e amigo que exerceu poderosa influência a seu favor. Ainda na cidade fluminense foi colaborador de *A Semana*, de Valentim Magalhães, escrevendo em prosa e em verso. De vez em quando, na cidade serrana, o poeta recebia visita de Valentim Magalhães, Alberto de Oliveira, Olavo Bilac, Augusto de Lima e Lúcio de Mendonça. Em junho de 1887 publica *Versos e versões*, seu terceiro livro. Em meados de 1889, Afonso Celso Júnior, o liberal presidente do "Gabinete 7 de junho", com o presidente da província do Rio de

Janeiro, Carlos Afonso de Assis Figueiredo, conseguem para Raimundo o lugar de secretário da presidência. A república é proclamada e Raimundo, apesar de suas convicções republicanas, solicita sua exoneração, o que lhe é negado, do cargo que ocupava. Ainda nesse ano toma posse como juiz de direito da comarca de Santa Isabel, em São Gonçalo do Sapucaí (Minas Gerais). Além da assistência judiciária, deu ao povo da comarca assistência social e intelectual. E é também aí que publica seu quarto livro de poesias, *Aleluias*, em 1891. A título de curiosidade, conta-se que em São Gonçalo Raimundo fabricava, para si e para os amigos, Cata Funda, uma cerveja cujo nome provinha da fonte de onde tirava a água para confeccioná-la.

Avesso a ouvir conferências, gostava de recitar. E um de seus poemas prediletos era "O Corvo" de Edgar Allan Poe, traduzido por Machado de Assis. Não tendo sido aproveitado na magistratura com a reorganização da justiça estadual, em 1892 o poeta é nomeado diretor da Secretaria de Finanças de Ouro Preto, então capital de Minas Gerais, onde se torna professor da Faculdade de Direito. Em 1894, em viagem de recuperação de saúde ao norte do Brasil, o poeta conhece os rapazes da *Padaria Espiritual* e do *Centro Literário* que realizam trabalho intelectual de qualidade. Desejoso de tornar o grêmio cearense conhecido no Sul, escreve um artigo na *Gazeta de Notícias* do Rio. Também colabora no jornal da *Padaria Espiritual, O Pão*, com algumas poesias. Fundada a Academia Brasileira de Letras em 27 de janeiro de 1897, Raimundo Correia, como sócio-fundador, ocupa a cadeira nº 5, cujo patrono é Bernardo Guimarães. Fica impossibilitado de assistir à sessão inaugural presidida por Machado de Assis, porque fora nomeado para o cargo de 2º secretário da Legação Brasileira em Paris, cujo ministro é seu velho amigo Assis Brasil. Em abril de 1898 manda para o prelo o livro *Poesias*, que sai publicado no mesmo ano. O volume é uma seleção dos outros livros, com exceção do primeiro, acrescido de algumas poesias novas. É prefaciado pelo português D. João Câmara. Suprime-se o lugar de segundo secretário da Legação, e Raimundo Correia empreende uma viagem de recreio pela Europa, com a duração de quase um ano. Em 1899, volta ao Brasil como juiz em disponibilidade. Passa a exercer a função de vice-diretor e professor do Ginásio Fluminense, em Petrópolis. Em 1900 vem residir no Rio de Janeiro e passa a exercer o cargo de Pretor da Segunda Vara, para, posteriormente (1907), ser nomeado Juiz de Direito da 2ª Vara Criminal, com total aclamação da imprensa jornalística. Em 1906 sai a segunda edição das *Poesias*, com alguns acréscimos. Era tal a preocupação em retocar os versos antigos que teria logrado o título de "o maior artista do verso" no Brasil. Próximo à sua morte, prepara uma terceira edição definitiva das *Poesias*, datada de 1910. Em 1911 vai à Europa para tratar da saúde, morrendo em Paris, no ombro de sua esposa, a 13 de setembro de 1911, vítima de um ataque de uremia, numa pensão da rua Miromesnil, nº 79. Foi sepultado no Cemitério Parisiense de Saint-Oven. Só nesse ano é que sai a publicação de *Poesias*.

Pelo Decreto nº 1.165, de 31 de outubro de 1917, a Prefeitura do Distrito Federal homenageia o poeta, dando o seu nome a uma rua de Copacabana. Trazidos de Paris por iniciativa da Academia Brasileira de Letras, os restos mortais de Raimundo Correia são recolhidos no Cemitério de São Francisco Xavier, no Rio de Janeiro. Por iniciativa de Mário de Alencar publica-se a 4ª edição das *Poesias* em 1922 e, dois anos depois, falece a viúva de Raimundo, no Rio de Janeiro. Em 1942 publica-se, pela Academia Brasileira de Letras, *Raimundo Correia, Sua Vida e Sua Obra*, ensaio biobibliográfico, de autoria do Cônego F. M. Bueno de Sequeira, no Rio de Janeiro, e em 1944 inaugura-se o busto do poeta no Passeio Público, na mesma cidade, esculpido por Honório Peçanha. Múcio Leão, em 1948, traz a lume *Poesias Completas de Raimundo Correia*, em dois volumes, com organização e notas de sua autoria. O primeiro volume corresponde à 5ª edição das *Poesias*. *Raimundo Correia Estudante* é o livro publicado em 1955, por Waldir Ribeiro do Val, que também prepara a 6ª edição de *Poesias* a sair em 1958. Ainda se publica, nesse ano, na Coleção "Nossos Clássicos", da Livraria Agir (Rio de Janeiro), o volume *Raimundo Correia, Poesias*, organizado por Lêdo Ivo.

A 13 de maio de 1959 comemora-se o centenário de nascimento do poeta na Biblioteca Nacional, e a 23 de dezembro, também alusivo à comemoração, Manuel Bandeira profere uma conferência sobre a vida e a obra de Raimundo Correia.

BIBLIOGRAFIA DA OBRA

CORRÊA, Raymundo. (Prólogo de D. João Câmara.) Lisboa: Parceria Antonio Maria Pereira, 2. ed. correcta e augmentada, 1906, 214 p.

CORREIA, Raimundo. Org. , prefácio e notas de Múcio Leão. São Paulo: Companhia Editora Nacional, 2 vols., 1948, 337 e 464 p.

―――. *Poesia completa e prosa*. Texto, cronologia, notas e estudo biográfico por Waldir Ribeiro do Val; introd. geral de Manuel Bandeira. Rio de Janeiro: Aguilar, 1961, 694 p.

―――. *Poesia* (por Lêdo Ivo). Rio de Janeiro: Agir, 2. ed., 1963, 91 p. (Col. Nossos Clássicos).

ÍNDICE

O POETA LUNAR.. 11

PRIMEIROS SONHOS

Explicação... 23
Paixão.. 27
Sonhos... 30
Sílfide.. 33
Mágoas.. 36
Sempre eu!.. 38

SINFONIAS

As pombas... 41
Sobre um trecho de Millevoye..................................... 42
Duas mortes.. 44
Um soneto de Zorrilla... 45
Mãe e filho.. 46
Rio acima.. 48
Mal secreto... 49
A avó... 50
A Adelaide Tessero... 51
No decenário de Castro Alves...................................... 52
O chalé.. 53
Alfaíma... 54

Frutas e Rosas... 56
Lágrimas românticas.. 57
O povo.. 59
Ao poder público... 62
André Gill.. 63
Colombo.. 64
A cabeça de Tiradentes.. 65

VERSOS E VERSÕES

Aspásia.. 69
O sono de Leilá.. 71
Garra oculta... 72
O espelho de Anacreonte..................................... 73
O camelo e o corcunda.. 75
A uns 66 anos.. 77
Fantina.. 78
Pesadelo de Ema.. 79
O orgulho.. 81
Um número do "intermezzo".............................. 82
Na tasca... 83
Anacreôntica... 84
Sobre Schopenhauer.. 85
Jó... 86
Flauta do outono... 89
O filho de Cleópatra.. 90
A filha do coveiro.. 92
"Aestuat infelix".. 93
Carnaval.. 94
O horóscopo.. 96
A Luiz Delfino... 98
O Enterrado vivo... 99

Sobre as "manhãs do estio" 104
Mater 105
Incoerência 106
A pantera negra 107

ALELUIAS

Papéis velhos 111
Verbo libertador 113
No aniversário de um poeta 114
Dolores 118
Filomela 120
Emissário dos deuses 123
A estátua de Júpiter 124
Vítor Hugo 126
Hós! E ais! 127
A morte de *comédia* 128
Água e vinho 129
Assis Brasil 130
Os meses 131

POESIAS

O juramento 137
A Ave-Maria 139
Plenilúnio 140
Três estâncias 143
O Fabordão 144

POESIAS AVULSAS

O amor 151
Pecado original 152
Beijo e milagre 154

As virtudes teologais.. 155
Pérolas... 156
Lembrança de Petrópolis.. 157
Homem.. 160
A terra e a nuvem.. 161
O crânio... 162
Dia de Natal.. 163
Samba.. 164

MAIS POESIAS AVULSAS
Em voz baixa... 171
Teres e haveres... 173
Teu coração sofreu a bava imunda............................. 174
Visões róseas.. 175

BIOBIBLIOGRAFIA... 177

BIBLIOGRAFIA DA OBRA... 183

COLEÇÃO MELHORES CONTOS

Aníbal Machado
Seleção e prefácio de Antonio Dimas

Lygia Fagundes Telles
Seleção e prefácio de Eduardo Portella

Breno Accioly
Seleção e prefácio de Ricardo Ramos

Marques Rebelo
Seleção e prefácio de Ary Quintella

Moacyr Scliar
Seleção e prefácio de Regina Zilbermann

Machado de Assis
Seleção e prefácio de Domício Proença Filho

Herberto Sales
Seleção e prefácio de Judith Grossmann

Rubem Braga
Seleção e prefácio de Davi Arrigucci Jr.

Lima Barreto
Seleção e prefácio de Francisco de Assis Barbosa

João Antônio
Seleção e prefácio de Antônio Hohlfeldt

Eça de Queirós
Seleção e prefácio de Herberto Sales

Mário de Andrade
Seleção e prefácio de Telê Ancona Lopez

Luiz Vilela
Seleção e prefácio de Wilson Martins

J. J. Veiga
Seleção e prefácio de J. Aderaldo Castello

João do Rio
Seleção e prefácio de Helena Parente Cunha

Ignácio de Loyola Brandão
Seleção e prefácio de Deonísio da Silva

LÊDO IVO
Seleção e prefácio de Afrânio Coutinho

RICARDO RAMOS
Seleção e prefácio de Bella Jozef

MARCOS REY
Seleção e prefácio de Fábio Lucas

SIMÕES LOPES NETO
Seleção e prefácio de Dionísio Toledo

HERMILO BORBA FILHO
Seleção e prefácio de Silvio Roberto de Oliveira

BERNARDO ÉLIS
Seleção e prefácio de Gilberto Mendonça Teles

AUTRAN DOURADO
Seleção e prefácio de João Luiz Lafetá

JOEL SILVEIRA
Seleção e prefácio de Lêdo Ivo

JOÃO ALPHONSUS
Seleção e prefácio de Afonso Henriques Neto

ARTUR AZEVEDO
Seleção e prefácio de Antonio Martins de Araujo

RIBEIRO COUTO
Seleção e prefácio de Alberto Venancio Filho

OSMAN LINS
Seleção e prefácio de Sandra Nitrini

ORÍGENES LESSA
Seleção e prefácio de Glória Pondé

DOMINGOS PELLEGRINI
Seleção e prefácio de Miguel Sanches Neto

CAIO FERNANDO ABREU
Seleção e prefácio de Marcelo Secron Bessa

EDLA VAN STEEN
Seleção e prefácio de Antonio Carlos Secchin

FAUSTO WOLFF
Seleção e prefácio de André Seffrin

AURÉLIO BUARQUE DE HOLANDA
Seleção e prefácio de Luciano Rosa

ALUÍSIO AZEVEDO
Seleção e prefácio de Ubiratan Machado

SALIM MIGUEL
Seleção e prefácio de Regina Dalcastagnè

ARY QUINTELLA
Seleção e prefácio de Monica Rector

*HÉLIO PÓLVORA**
Seleção e prefácio de André Seffrin

*WALMIR AYALA**
Seleção e prefácio de Maria da Glória Bordini

*HUMBERTO DE CAMPOS**
Seleção e prefácio de Evanildo Bechara

*PRELO

Impresso por :

gráfica e editora

Tel.:11 2769-9056